嘉兴新型职业农民培训系列教材

# “互联网+”农产品营销

李玉清　主编



中国农业大学出版社
·北京·

**图书在版编目(CIP)数据**

"互联网+"农产品营销/李玉清主编. —北京:中国农业大学出版社,2016.11(2017.9重印)

ISBN 978-7-5655-1729-7

Ⅰ.①互… Ⅱ.①李… Ⅲ.①互联网络-应用-农产品-市场营销学-研究 Ⅳ.①F762-39

中国版本图书馆CIP数据核字(2016)第270375号

| | | | |
|---|---|---|---|
| 书　　名 | "互联网+"农产品营销 | | |
| 作　　者 | 李玉清　主编 | | |
| 策划编辑 | 梁爱荣 | 责任编辑 | 韩元凤 |
| 封面设计 | 郑　川 | 责任校对 | 王晓凤 |
| 出版发行 | 中国农业大学出版社 | | |
| 社　　址 | 北京市海淀区圆明园西路2号 | 邮政编码 | 100193 |
| 电　　话 | 发行部 010-62818525,8625 | 读者服务部 | 010-62732336 |
| | 编辑部 010-62732617,2618 | 出 版 部 | 010-62733440 |
| 网　　址 | http://www.cau.edu.cn/caup | e-mail | cbsszs@cau.edu.cn |
| 经　　销 | 新华书店 | | |
| 印　　刷 | 涿州市星河印刷有限公司 | | |
| 版　　次 | 2016年11月第1版　　2017年9月第2次印刷 | | |
| 规　　格 | 850×1 168　32开本　4.75印张　115千字 | | |
| 定　　价 | 14.00元 | | |

# 编写人员

主　　编　李玉清（嘉兴职业技术学院）

副 主 编　陈　艳（嘉兴职业技术学院）

马　涛（嘉兴职业技术学院）

张燕军（嘉兴职业技术学院）

参编人员　高忠林（嘉兴久众贸易有限公司）

胡友根（嘉兴市农业经济局）

# 内容简介

随着“互联网＋”时代的到来，农产品生产与营销也遵循以顾客为导向，从个性化定制到多元化营销的发展过程，特别是电子商务与网络营销的应用，也使农产品营销技能与方法不断扩展与延伸。再者，今天的农民越来越注重科学技术的发展与学习。本书正是为了适应这一需要，从嘉兴农业生产的实际出发，理论结合实践，注重行业与营销技能方法的针对性和实用性，力求做到内容浅显易懂、图文并茂，让农民朋友易于学习和掌握。

业和朋友的热情鼓励和大力支持，在此表示感谢。同时，也特别感谢继续教育学院吴海洪院长、卢晓慧副院长的指导。由于时间仓促，农业企业在市场营销中创造的一些新经验未能充分吸纳，加之编者水平所限，错谬之处在所难免，敬请广大读者与同仁不吝斧正。

本书由嘉兴职业技术学院李玉清教授任主编并统稿，嘉兴职业技术学院陈艳老师、马涛博士、张燕军老师任副主编，嘉兴职业技术学院张燕军、嘉兴久众贸易有限公司董事长高忠林（原嘉兴三珍斋食品有限责任公司总经理）和嘉兴市农业经济局胡友根处长参与案例的编写。其中第一章由陈艳老师编写，第二章、第三章由李玉清老师编写，马涛博士全书修改。

在编著本书过程中参阅了一些已经公开出版的同类书籍，引用了一些网上下载的图片来介绍或说明某一问题，在此一并致谢！对关心和支持本书出版发行的所有企业和朋友表示由衷的感谢！对一直充分理解和大力支持我们的所有人也致以谢意！

编　者

2016 年 8 月

# 前言

随着"互联网＋"时代的到来，中国的经济模式由计划经济—市场经济—共享经济—共产经济，中国的电子商务也从 B2B、B2C、C2C 模式到 C2B，最终到个人对工厂 C2F 模式。农产品生产与营销必须以顾客为导向，从个性化定制到多元化营销。因此，为适应"互联网＋"时代，农产品营销也要转换思路、策略和方法，在开展嘉兴农业企业调研的基础上，从嘉兴农业发展的实际出发，理论结合实践通俗地介绍了农产品营销的基本原理和策略。全书分为 3 章，第一章通俗地介绍了农产品市场营销的基本概念及其发展，农产品营销调研与市场分析，农产品目标市场选择以及农产品营销组合策略；第二章引入了农产品品牌战略的概念，系统分析了农产品品牌的建设与推广策略；第三章着重分析了农产品如何开展电子商务活动，介绍了电子商务的基本概念及发展状况，详细分析了农产品信息收集与发布、农产品网络购物与支付、农产品网上开店与客服。本书内容紧密结合农产品市场营销活动的实践，希望能对农业经营者、农村经纪人和农业企业人员、农民专业合作组织以及农产品流通、市场营销相关专业人员有所裨益和帮助。

本书在编写过程中，得到嘉兴市农经局、嘉兴市一些农业企制度，不断提高教育培训的专业化、精准化、标准化水平，而教材建设是一项非常重要的基础性工作。这次市农民学院组织专家编写本乡本土的新型职业农民培训教材，在选题、内容、形式等方面进行了不同程度的探索，形成了第一批系列精品教材，为构建特色鲜明、内容全面、务实管用的区域教材体系开了一个好头。概括起来有三方面特点：一是选题准，实现与现代农业发展要求和农民需求对接，有利于新型职业农民综合素质、生产水平和经营能力全面提升；二是内容翔实，围绕嘉兴市主导产业全过程梳理，贴近农民生产生活实际；三是形式新，实现与农民学习特点和习惯对接，图文并茂、通俗易懂。

农业是国民经济的基础，农业现代化是国家现代化的重要组成部分，在大众创业、万众创新的时代潮流中，作为现代农业核心主体的新型职业农民必将大有可为。新形势意味着新任务，新阶段意味着新起点，各级各部门要坚持“政府主导、农民主体、需求导向、综合配套”的原则，把培育新型职业农民作为重要职责，放在突出位置，采取更加有力的措施推动各项工作落实到位。希冀农民学院以系列教材的编写为契机，进一步规范职业教学，提升培养质量，更好地满足新型职业农民多层次、多形式、广覆盖、经常性、制度化的教育培训需求，把新型职业农民培育打造成民心工程、德政工程，使农民学院真正成为农民终身学习的平台、创业创新的摇篮，为农业现代化建设提供有力支撑。

2016.10

# 序

新型职业农民培育是事关“三农”发展的重大战略性问题，也是事关农业现代化的方向性问题。作为传统农业大市和统筹城乡先行地的嘉兴，近年来一直把培育新型职业农民作为重点工作来抓，依托农民院校和农广校为主平台，采取适应成人学习和农业生产规律的“分段式、重实训、参与式”培育方式，大力推行农民田间学校、送教下乡模式，逐步推进从“办班”到“育人”的转变。自 2014 年市农民学院成立以来，以“整合资源、创新机制、提高效益、构建平台”为原则，以培养农村实用人才、新型职业农民以及农村创业创新人才为重点，开设包含粮食生产技术、农产品电子商务、花卉苗木、果树种植技术等培训班，形成了“专家授课、学员交流、基地学习、考核评价”的培训模式，培养了近两千名的中高级农村实用人才，为推进农业转型发展和社会主义新农村建设注入了新活力，提供了新动能。

“十三五”时期，是全面建成小康社会的决胜期，也是传统农业向现代农业转化的关键时期，大量先进农业科学技术、高效率农业设施装备、现代化经营管理理念越来越多地被引入农业生产的各个领域，迫切需要加快构建职业农民队伍，形成一支高素质农业生产经营者队伍。培育新型职业农民需要有效的教育培训

# 目　录

在洽谈并逐渐达成协议，称为在交换中。如果双方通过谈判并达成协议，交易便发生。交易是交换的基本组成部分。交易是指买卖双方价值的交换，它是以货币为媒介的，而交换不一定以货币为媒介，它可以是物物交换。

交易涉及几个方面，即两件有价值的物品，双方同意的条件、时间、地点，还有来维护和迫使交易双方执行承诺的法律制度。

4. 市场及市场营销者

(1)市场　市场由一切有特定需求或欲求并且愿意和可能从事交换来使需求和欲望得到满足的潜在顾客所组成。一般说来，市场是买卖双方进行交换的场所。但从市场营销学角度看，卖方组成行业，买方组成市场。行业和市场构成了简单的市场营销系统。

(2)市场营销者　市场营销者是从事市场营销活动的人。市场营销者既可以是卖方，也可以是买方。作为买方，他力图在市场上推销自己，以获取卖者的青睐，这样买方就是在进行市场营销。当买卖双方都在积极寻求交换时，他们都可称为市场营销者，并称这种营销为互惠的市场营销。

## 二、农产品营销的概念及其在我国的发展

### (一)农产品营销的概念

农产品营销是市场营销的重要组成部分，是指农产品生产者与农产品市场经营者为实现农产品价值一起进行的一系列的农产品价值的交易活动。

### (二)农产品市场营销在我国的发展

新中国成立以来，我国农产品流通经历了统购统销和市场化改革的演变，与农产品流通的历史演变过程相联系，我国农产品市场营销也经历了一个从无营销到现代营销理论初步应用的发

望不同，比如中国人需要食物对大米饭产生欲望，法国人需要食物则可能对面包产生欲望。人的欲望受社会因素及机构因素，诸如职业、团体、家庭、教会等影响。因而，欲望会随着社会条件的变化而变化。市场营销者能够影响消费者的欲望，如建议消费者购买某种产品。

(3)需求　指有支付能力和愿意购买某种物品的欲望。可见，消费者的欲望在有购买力作后盾时就变成为需求。许多人想购买奥迪牌轿车，但只有具有支付能力的人才能购买。因此，市场营销者不仅要了解有多少消费者对其产品有购买欲望，还要了解他们是否有能力购买。

2.产品

产品是指用来满足顾客需要和欲望的物体。产品包括有形与无形的、可触摸与不可触摸的。有形产品是为顾客提供服务的载体。无形产品或服务是通过其他载体，诸如人、地、活动、组织和观念等来提供的。当我们感到疲劳时，可以到音乐厅欣赏歌星唱歌(人)，可以到公园去游玩(地)，可以到室外散步(活动)，可以参加俱乐部活动(组织)，或者接受一种新的意识(观念)。服务也可以通过有形物体和其他载体来传递。市场营销者切记销售产品是为了满足顾客需求，如果只注意产品而忽视顾客需求，就会产生“市场营销近视症”。

3.交换及相关的交易

(1)交换　人们有了需求和欲求，企业亦将产品生产出来，还不能解释为市场营销，产品只有通过交换才使市场营销产生。人们通过自给自足或自我生产方式，或通过偷抢方式，或通过乞求方式获得产品都不是市场营销，只有通过等价交换，买卖双方彼此获得所需的产品，才产生市场营销。可见，交换是市场营销的核心概念。

(2)交易　交换是一个过程，而不是一种事件。如果双方正交换机会。

### (二)市场营销的作用

第一,解决生产与消费的矛盾,满足生活消费和生产消费的需要。在商品经济条件下,社会的生产和消费之间存在着空间和时间上的分离、产品、价格、双方信息不对称等多方面的矛盾。市场营销的任务就是使生产和消费的不同的需要和欲望相适应,实现生产与消费的统一。

第二,实现商品的价值和增值。市场营销通过产品创新、分销、促销、定价、服务方便和加速相互满意的交换关系,使商品中的价值和附加值得到社会的承认。

第三,避免社会资源和企业资源的浪费。市场营销从顾客需求的角度出发,根据需求条件安排生产,最大限度地减少产品无法销售的情况出现,避免了社会资源和企业资源的浪费。

第四,满足顾客需求,提高人民的生活水平和生存质量。市场营销活动的目标是通过各种手段最大限度地满足顾客需求,最终提高社会总体生活水平和人民的生存质量。

### (三)市场营销的核心概念

市场营销涉及其出发点,即满足顾客需求,还涉及以何种产品来满足顾客需求,如何才能满足消费者需求,即通过交换方式,产品在何时、何处交换,谁实现产品与消费者的连接。可见,市场营销的核心概念应当包含需要及相关的欲望和需求,产品,交换及相关的交易,市场及市场营销者。

1. 需要及相关的欲望和需求

(1)需要　指消费者生理及心理的需要,如人们为了生存,需要食物、衣服、房屋等生理需要及安全、归属感、尊重和自我实现等心理需要。市场营销者不能创造这种需要,而只能适应它。

(2)欲望　指消费者深层次的需要。不同背景下的消费者欲

# 第一章

# 农产品营销实务

## 第一节　农产品营销准备

### 一、市场营销的相关概念

#### (一)市场营销的概念

指个人和群体通过创造并同他人交换产品的价值,以满足需求和欲望的一种社会管理过程。

市场营销是在动态环境中通过产品创新、分销、促销、定价、服务等加速相互满意的交换关系的一切个人和组织的活动。其营销手段是新产品创新、顺畅高效的分销渠道、有效促销、合理的定价以及提供可以增加产品价值的服务。市场营销是个人和群体通过与他人交换产品和价值来满足自身需要的过程。需要是没有得到基本满足的感受状态。欲望是指想得到的具体满足物的愿望。满足物可能是有形的物品,也可能是无形的服务。对于营销人员来讲,只要有合适的产品就可能影响人们的欲望,创造展过程。大致也可分为三个阶段：

1. 基本无营销时期(新中国成立初期—20世纪70年代末)

农产品市场营销是在市场上进行的，没有市场，没有交换，也就没有市场营销。在改革开放前的20多年里，由于农产品的严重短缺，国家对农产品实行统购统销，这里没有市场。这期间虽然也开放过农产品集贸市场，但进入集贸市场交易的品种受到限制，数量也很小，而且都很快被取消。同时，在农产品集贸市场上参与交易的卖方和买方人员也受到严格限制，在市场空间上基本上是地产地销等等。所有这些显然不能影响农产品统购统销的基本性质。加之这一时期市场营销理论尚未引入我国，无论农产品生产者还是销售者，还都没有“市场营销”的概念。

2. 大量生产向大量推销转变时期(20世纪80年代初—90年代中期)

增加农产品总量以缓解供求矛盾是改革初期的主要任务。与前一阶段不同的是，这一时期主要通过经济手段调动农民的生产积极性，增加农产品供给总量。80年代初，在联产承包责任制和提高农产品价格的双重刺激下，农民的生产积极性提高。为了满足市场的巨大需求，大量生产仍是这 时期的主要任务，提高劳动生产率提高单产成为这一时期增加农产品总量的主要手段。例如，凡是能增加产量的品种就被认为是“良种”，质量被放到次要位置，并且只要是产量高的品种，几年甚至十几年不变。

1983—1984年，就已出现了“卖粮难”现象。但由于当时粮食市场尚未放开，仍由政府垄断粮食的收购与销售，政府采取扩大收购的对策；加之粮食是一种兼有自给性和商品性双重属性的产品，粮食难卖时农户会多存储一些或多消费(如用作饲料、酿酒等)一些。随着政府对低品质且高度同质化的粮食收购量的增加，“卖粮难”的潜在危机便由粮食生产者即农民转移到国有粮食部门。到1997年，终于出现粮多仓满、盛不了、卖不出、调不动、存不下的严重局面。粮食部门普遍亏损,财政补贴急剧增加。

大量推销现象在20世纪80年代中期就已出现。这一时期,市场营销理论已引入中国,并在农业领域得到初步应用,但在不同的产品领域应用的程度不同。这一时期对市场营销原理的应用主要偏重于分销渠道、人员推销与广告促销等方面。虽然一些地方也将品牌、商标、包装等的原理应用到农产品的领域,但主要目的是为了促进产品销售。从根本上来说,营销观念仍停留在产品观念或推销观念阶段。

3.从大量推销向现代营销转变时期(20世纪90年代末以来)

20世纪90年代中期以后,农产品买方市场已经形成,卖方已没有市场优势。这种市场环境,促使农产品生产经营者的营销观念发生重要变化,从以生产或推销为中心逐步向以顾客或消费者为中心的现代营销观念转变。体现在以下几个方面:

(1)绿色营销观念导入农产品营销过程,绿色营销已成为一种大趋势。绿色营销观念是环境保护意识和市场营销观念相结合的产物,是"以消费者为中心"的现代营销观念的新发展。与纯市场营销观念相比较,它更重视消费者的长远利益和社会整体利益。20世纪70年代以来的营销管理强调生产经营者应以重视顾客满足为出发点的整体管理。绿色营销管理则将环境保护纳入生产经营者整体管理的范畴。生产经营者在整体营销管理中必须考虑绿色产品与包装、产品生产和营销过程中的污染和废弃物对环境的影响等,并以此实施整体管理。绿色营销观念的这些基本思想,正在逐步深入到我国农产品领域,并开始成为农产品营销的一种新的指导思想。

(2)农产品市场营销团体纷纷成立。农产品市场营销团体可以分为两类,一类是由专业技术服务组织转化而来,如蔬菜协会、苹果协会等,这类组织在进行技术服务的同时还承担部分市场营销职能。另一类是专门成立的农产品营销协会,它的成立更能表明我国农产品市场营销的发展。

(3)注重市场调研。随着“以消费者需求为中心”的营销观念的确立,市场调研越来越受到生产经营者的重视。市场调研是新产品开发的起点,也是进行市场细分、实行目标市场营销的前提。很多农产品中介组织、经销商通过市场调查,将市场需求信息及时传递给农产品生产者;一些农产品生产者也直接进行市场调查或通过广告等渠道及时了解市场需求信息,确定生产品种、上市时间、销售地区。例如,当湖南本地的辣椒“落摊”后,海南生产的辣椒便源源不断运往湖南市场;南方沿海一些渔民网箱养殖的水产品,专门供应北京等大城市的宾馆、招待所和餐饮业;小麦既有用作面包加工原料的,也有用于加工面粉的等等。

(4)注重新产品的开发与产品改良。现代营销的研究和应用范围则不限于流通领域,而是扩大到生产领域,注重研究适应市场需要,新产品的开发与产品改良。近年来,农业领域推出的甜玉米、方形西瓜、工程鲫鱼等,以及农产品加工一系列新产品的问世,正是现代营销思想在生产领域发生作用的具体体现。

(5)品牌、商标意识增强。过去,我国农产品同品牌、商标基本无缘。20 世纪 90 年代中期,随着很多地方的名牌战略的实施和向农产品领域的延伸,不少农产品开始使用品牌、商标,但大多是注重品牌、商标的识别功能和促销功能。近来,不仅品牌化的农产品越来越多,鲜肉、活鱼都用上了商标,甚至鸡蛋也贴着商标卖;而且农产品生产经营者和中介组织对品牌、商标功能的认识已有了很大的变化,开始从识别功能和促销功能向信息传递功能、价值功能、形象功能的综合功能转变。很多农产品品牌富含个性特色,过目不忘,易于记忆和传递品牌信息,有利于树立品牌形象,创造品牌价值。虽然目前农产品商标在商标总量中所占比重较小,但农产品品牌化意识的增强和商品从其基本功能向综合功能的转变,表明品牌营销已在农业领域初露端倪。值得一提的是2001年12月1日起实施的新标法，比修改前更有利于农产品商标注册和农产品品牌营销。

(6)农产品的分销与促销形成多样化。在分销方面，不仅传统的“生产者—批发商—零售商—消费者”的分销渠道模式得到发展与完善，许多农产品进了大型的超级市场，而且创造了新的营销方式：一是网络营销。一些农产品生产基地或批发市场在互联网上开通了自己的网站或网页，将农产品品种、规格、价格等信息及时传递给买方，并可在网上进行交易。二是定制营销。农产品在定制营销也分为两种：一种是B2B，即通常所说的“订单农业”。它是农产品生产者根据加工者或批发商的要求进行生产，农产品收获后由生产者直接送达到加工者或批发商，或由后者自己运输。另一种是B2C，它是农产品生产加工者根据消费者的需要进行专门生产或品种搭配并直接送货上门的营销方式。“鲜菜配送”、“鲜奶送货上门”是这类营销方式的典型。

农产品促销的形式也越来越多。除传统的人员推销和广告促销外，各种特色的农产品博览会、交易会和各种主题的公共关系活动(如新闻发布会)等已成为农产品促销的重要形式。此外，近几年发展起来的观光农业、旅游农业不仅传播了农产品信息，也直接促进了当地农产品的销售。

## 第二节　农产品市场调研与分析

### 一、农产品市场调查

#### (一)农产品市场调查的概念

农产品市场调查即根据农产品生产经营者市场调查的目的和需要，运用一定的科学方法，有组织、有计划地搜集、整理、传递和利用市场有关信息的过程。其目的在于通过了解市场供求发展变化的历史和现状为农产品生产经营者制定政策、进行预测、做出经营决策、制定计划提供重要依据。

农产品市场调查的内容十分广泛，具体内容要根据调查和预测的目的以及经营决策的需要而定，最基本的内容有以下几个方面：①市场环境调查；②消费者需求情况调查；③生产者供给情况调查；④销售渠道的通畅情况调查；⑤市场行情调查。

**(二)农产品市场调查的步骤**

农产品市场调查是一项复杂而细致的工作，为了提高调查工作的效率和质量，达到既定的调查目的，在进行农产品市场调查时，必须制定完善的调查计划，并加强组织领导，以保证农产品市场调查有目的、有计划、有步骤地进行，避免安排不周使调查流于形式。农产品市场调查的步骤如图 1-1 所示。

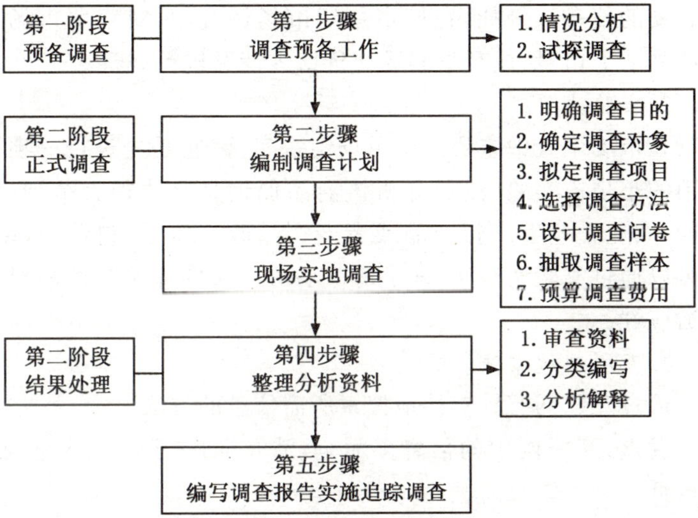


图 1-1　农产品市场调查的步骤

### (三)农产品市场调查的基本方法

农产品市场调查的方法很多,且非常灵活,我们系统地来考虑这问题,归纳起来有以下几种方法。

1. 访问调查法

指调查者通过口头、电信或书面方式向被调查者了解情况、搜集资料的调查方法。按调查与被调查者接触方式的不同,可分为面谈调查、德尔菲法、邮寄调查、电话调查。

2. 观察法

调查者在现场对被调查者的情况直接观察、记录,以取得市场信息资料的一种调查方法。它不是直接向被调查者提出问题要求回答,而是凭调查人员的直观感觉或是利用录音机、照相机、录像机和其他器材,考察、记录被调查者的活动和现场事实,以获得必要的信息。例如,在城市集贸市场调查中,对集贸市场上农副产品的上市量、成交量和成交价格等情况进行观察。

3. 实验法

在市场调查中主要用于市场销售实验,它是先进行一项商品推销的小规模实验,然后分析该商品促销是否值得大范围推广。例如,农业企业生产新产品或者老产品改变质量、包装、价格时,均可以通过实验调查法,来了解市场对商品的评价和商品对市场的适应性。

4. 互联网搜索法

通过互联网有针对性地搜索所需信息的方法。

优点:互联网中的信息多而全,涉及面广,且较容易搜集,成本也低。

缺点:需要信息收集者有一定的文化基础,能使用电脑,能用搜索工具。同时需要有信息处理能力,对繁多的信息能去伪存真,找到自己真正需要的信息。

## (四)农产品市场调查问卷表

调查问卷表,就是那些事先准备好的询问提纲或调查表,它可以系统地记载所需调查的具体内容,是了解市场信息、实现调查目的的一种重要形式。

1. 调查问卷表设计的原则

问卷调查对调查结果的影响,除了样本选择、调查员素质、统计手段等因素外,问卷设计水平是其中的一个前提性条件。而问卷设计的好坏很大程度上又与设计制度(原则)有关。一份设计合理的问卷需要遵循以下原则:

(1)合理性　合理性指的是问卷必须紧密与调查主题相关。违背了这一点,再漂亮或精美的问卷都是无益的。而所谓问卷体现调查主题其实质是在问卷设计之初要找出与“调查主题相关的要素”。如“调查某化妆品的用户消费感受”,这里并没有一个现成的选择要素的法则。但从问题出发,特别是结合一定的行业经验与商业知识,要素是能够被寻找出来的:一是使用者(可认定为购买者)。包括他的基本情况(自然状况,如性别、年龄、皮肤性质等);使用化妆品的情况(是否使用过该化妆品、周期、使用化妆品的日常习惯等)。二是购买力和购买欲。包括他的社会状况、收入水平、受教育程度、职业等;化妆品消费特点(品牌、包装、价位、产品外观等);使用该化妆品的效果(评价,问题应具有一定的多样性,但又限制在某个范围内,如:①价格;②使用效果;③心理满足等)。三是产品本身。包括对包装与商标的评价、广告等促销手段的影响力、与市场上同类产品的横向比较等。应该说,具有了这样几个要素对于调查主题的结果是有直接帮助的。被访问者也相对容易了解调查员的意图,从而予以配合。

(2)一般性　即问题的设置是否具有普遍意义。应该说,这是问卷设计的一个基本要求,但我们仍然能够在问卷中发现这类带有一定常识性的错误。这一错误不仅不利于调查成果的整理分析，而且会使调查委托方轻视调查者的水平。

在一般性的问卷技巧中，需要注意的是，不能犯问题内容上的错误。如：

问题：你拥有哪一种信用卡？

答案：a. 长城卡；b. 牡丹卡；c. 龙卡；d. 维萨卡；e. 金穗卡。其中“d”的设置是错误的，应该避免。

(3)逻辑性　问卷的设计要有整体感，这种整体感即是问题与问题之间要具有逻辑性，独立的问题本身也不能出现逻辑上的谬误。从而使问卷成为一个相对完善的小系统。如：

问题：

1. 你通常每日读几份报纸？

a. 不读报；b. 1 份；c. 2 份；d. 3 份以上。

2. 你通常每日用多长时间读报？

a. 10 分钟以内；b. 半小时左右；c. 1 小时；d. 1 小时以上。

3. 你经常读的是下面哪类(或几类)报纸？

a. ×市晚报；b. ×省日报；c. 人民日报；d. 参考消息；e. 中央广播电视报；f. 足球……

在以上的几个问题中，由于问题设置紧密相关，因而能够获得比较完整的信息。调查对象也会感到问题集中、提问有章法。相反，假如问题是发散的、带有意识流痕迹的，问卷就会给人以随意性而不是严谨性的感觉。那么，将市场调查作为经营决策的一个科学过程的企业就会对调查失去信心。

(4)明确性　所谓明确性，事实上是问题设置的规范性。这一原则具体是指：命题是否准确？提问是否清晰明确、便于回答，被访问者是否能够对问题作出明确的回答等等。

问卷中常有“是”或“否”一类的是非式命题。如：

问题：您的婚姻状况：

答案：1. 已婚；2. 未婚。

显而易见，此题还有第三种答案（离婚/丧偶/分居）。如按照以上方式设置则不可避免地会发生选择上的困难和有效信息的流失。其症结即在于问卷违背了“明确性”的原则。

（5）非诱导性　非诱导性指的是问题要设置在中性位置、不参与提示或主观臆断，完全将被访问者的独立性与客观性摆在问卷操作的限制条件的位置上。如：

问题：你认为这种化妆品对你的吸引力在哪里？

答案：a. 色泽；b. 气味；c. 使用效果；d. 包装；e. 价格；f. ……

这种设置是客观的。若换一种答案设置：

a. 迷人的色泽；b. 芳香的气味；c. 满意的效果；d. 精美的包装……

这样一种设置则具有了诱导和提示性，从而在不自觉中掩盖了事物的真实性。

（6）便于整理、分析　成功的问卷设计除了考虑到紧密结合调查主题与方便信息收集外，还要考虑到调查结果的容易得出和调查结果的说服力。这就需要考虑到问卷在调查后的整理与分析工作。

首先，这要求调查指标是能够累加和便于累加的；其次，指标的累计与相对数的计算是有意义的；再次，能够通过数据清楚明了地说明所要调查的问题。

2. 调查问卷的结构

调查问卷的结构一般包括三个部分：前言、正文和结束语。

（1）前言（说明语）　首先是问候语，并向被调查对象简要说明调查的宗旨、目的和对问题回答的要求等内容，引起被调查者的兴趣，同时解除他们回答问题的顾虑，并请求当事人予以协助（如果是留滞调查，还应注明收回的时间）。

例如：您好，谢谢您参加我们的调查！本次调查只需要占用您两分钟的时间。对于您能在百忙之中填写此问卷再次表示感谢！

（2）正文　该部分是问卷的主体部分，主要包括：被调查者信息、调查项目、调查者信息三个部分。

被调查者信息：主要是了解被调查者的相关资料，以便对被调查者进行分类。一般包括被调查者的姓名、性别、年龄、职业、受教育程度等。这些内容可以了解不同年龄阶段、不同性别、不同文化程度的个体对待被调查事物的态度差异，在调查分析时能提供重要的参考作用，甚至能针对不同群体写出多篇有针对性的调查报告。

调查项目：是调查问卷的核心内容，是组织单位将所要调查了解的内容，具体化为一些问题和备选答案。

调查者信息：是用来证明调查作业的执行、完成，和调查人员的责任等情况，并方便于日后进行复查和修正。一般包括：调查者姓名、电话，调查时间、地点，被调查者当时合作情况等。

（3）结束语　在调查问卷最后，简短地向被调查者强调本次调查活动的重要性以及再次表达谢意。如为了保证调查结果的准确性，请您如实回答所有问题。您的回答对于我们得出正确的结论很重要，希望能得到您的配合和支持，谢谢！

3. 问卷项目的设计

调查项目设计的好坏是关系到调查活动能否成功的关键因素，它对调查问卷的有效性、真实度等起着至关重要的作用。

（1）明确调研目的、内容　在设计问卷项目时，首先要确定调研目的，数据分析方法等因素，再确定问题类型。

在问卷设计中，最重要的一点就是必须明确调查目的和内容。为什么要调查？对哪些对象进行调查？调查需要了解什么？

首先，要确定主题和调查范围。根据调查的目的要求，研究调查内容、调查范围等，酝酿问卷的整体构思，将所需要的资料一一列出，分析哪些是主要资料，哪些是次要资料，淘汰那些不需要的资料，再分析哪些资料需要通过问卷取得、需要向谁调查等，确定调查地点、时间及调查对象。其次，要分析样本特征。即分析了解各类被调查对象的基本情况，以便针对其特征来准备问卷。

(2)问卷项目设计　问卷项目按问题回答的形式一般可以分为封闭式问题和开放式问题。其中封闭式问题包括两项选择题、单项选择题、多项选择题、利克特量表等。开放式问题一般有完全自由式、语句完成式等。

①封闭式问题

a. 两项选择题由被调查者在两个固定答案中选择其中一个，适用于"是"与"否"等互相排斥的二择一式问题。

两项选择题容易发问，也容易回答，便于统计调查结果。但被调查人在回答时不能讲原因，也不能表达出意见的深度和广度，因此一般用于询问一些比较简单的问题。并且两项选择必须是客观存在，不能是设计者凭空臆造，需要注意其答案确实属于非 A 即 B 型，否则在分析研究时会导致主观偏差。

b. 单项或多项选择题是对一个问题预先列出若干个答案，让被调查者从中选择一个或多个答案。

例如，决定您对应聘者取舍的重要因素是：

A. 仪表；B. 谈吐；C. 学历或职称；D. 专业素质或工作经验

这类题型问题明确，便于资料的分类整理。但由于被调查者的意见并不一定包含在拟定的答案中，因此有可能没有反映其真实意思。对于这类问题，我们可以采用添加一个灵活选项，如"其他"来避免。

c. 程度性问题当涉及被调查者的态度、意见等有关心理活动方面的问题，通常用表示程度的选项来加以判断和测定。

例如，您认为博物馆通过各种文物陈列，举办文物展览，对公众进行科学文化知识、爱国主义和革命传统教育时，作用发挥得如何？

A. 好;B. 较好;C. 差;D. 不了解

但这类问题的选项,对于不同的被调查者有可能对其程度理解不一致。因此有时可以采用评分的方式来衡量或在题目中进行一定的说明。

②开放式问题　是一种可以自由地用自己的语言来回答和解释有关想法的问题。即问卷题目没有可选择的答案,所提出的问题由被调查者自由回答,不加任何限制。

使用开放式问题,被调查者能够充分发表自己的意见,活跃调查气氛,尤其是可以收集到一些设计者事先估计不到的资料和建议性的意见。但在分析整理资料时由于被调查者的观点比较分散,有可能难以得出有规律性的信息,并会导致调查者的主观意识参与,使调查结果出现主观偏见。

## 二、农产品市场分析

农产品市场分析的内容主要是市场需求变化分析、消费者购买行为与心理满意程度分析、农产品价格变化分析、市场空间和潜力分析等。

面对纷繁复杂的市场经济,农产品营销者不能用传统的思维方式来面对竞争激烈的买方市场,市场需要什么就介绍什么。只有这样,才能把农村经济搞活。

### (一)农产品市场供求分析

1. 影响农产品市场供给的因素

农产品市场供给是指在一定价格水平下所有生产经营者愿意并有能力生产和出售的某种农产品总量。具体影响因素包括:

(1)农产品成本　农产品供给成本是指包括生产成本、运输成本、储存成本、销售成本等在内的总成本,成本越高,供给量越小。

(2)农产品价格　在成本条件不变的前提下,农产品售价越高供给量越大。

(3)相关农产品的价格　如在牛肉价格不变条件下牛奶价格上涨,则生产者会减少肉牛饲养量而利用有限资源养奶牛,进而使牛肉供应量减少。

(4)生产技术　生产农产品的技术水平提高,将会因降低生产成本或增加产品产量而使生产者利润增加,这样就会刺激农产品生产者增加产品供给量。

(5)生产者或销售者的目标　如果生产经营者的目标是扩大农产品销售额或提高自己产品的市场占有率,则在相同价格条件下,农产品供给量大于追求利润最大化目标下的供给量。

(6)政府的税收和补贴政策　如果政府对某种农产品减税或给予补贴。则会因售价降低,刺激需求而引起供给增加;相反,如果政府实行增税或取消补贴,则农产品供给量会减少。

2.影响农产品市场需求的因素

农产品市场需求是指市场上所有消费者在一定价格水平下愿意并有能力购买的某种农产品总量。具体的影响因素有:

(1)消费人口　人口越多,农产品需求量越大。

(2)收入水平　一般而言,收入水平越高,农产品需求量越大。但是,对于粗粮粗菜等劣质农产品,随着人们收入水平的提高,其需求量反而降低。

(3)价格水平　一般而言,价格降低需求量会增加。但对于生活必需品的农产品,由于价格需求弹性较小,价格对其需求量的影响就不大。

(4)替代品和互补品价格　农产品的需求量一般与替代品价格呈正向波动,与互补品价格呈反向波动。

(5)消费者的生活习惯与偏好　消费者不同的生活习惯以及由此引起的对特定农产品的偏好程度,使收入水平等相同的消费者对同一农产品的需求量存在较大差异。

(6)消费者对农产品价格的预期　如果消费者预测他所需的某种农产品的价格会上涨,他可能会多买些这种产品供以后消费,使农产品的短期需求增加。

## (二)农产品市场购买行为分析

1.农产品的消费者市场购买行为

农产品作为满足消费者吃、穿、用等基本生活需要的物质资料,其消费者市场购买行为同样受到文化因素、社会因素、个人因素和心理因素的影响。我国有丰富多彩的饮食文化,如北京烤鸭、金华火腿等地方名品不胜枚举。因此,农产品消费中所体现的历史文化传统、社会阶层与个性心理更为明显。随着市场经济的不断发展,我国的社会结构和文化特征不断地变迁与发展,农产品的消费者市场购买行为也呈现出许多新的特点和发展趋势。

(1)消费者对农产品的消费需求已开始从追求数量满足转向追求品质。如对食品,消费者已由以前的要求“吃饱”转向追求“吃好”,提出诸如营养、健康安全等要求;对服装则由结实耐用转向舒适、美观和新潮。

(2)消费者对农副产品需求日趋个性化和多层次化。与主食相比,购买副食时消费者更强调产品的口味、外观、特殊功能及心理满足等方面的偏好,消费的个性化要求较强。食品消费日趋多层次化。

(3)消费者对方便型和无公害绿色农产品的需求日益增长。方便,既包括使用方便又包括购买方便,目的是节省农产品消费者的精力和时间,为此,出现了如对袋装灭菌鲜奶、清洗蔬菜及大量加工型农产品的需求。近年来,无公害绿色农产品也大受消费者欢迎。

(4)消费者对农产品的品牌消费观念逐渐增强。随着农业生产的发展和人们生活水平的提高,消费者购买农产品时对品牌的注意度越来越高。按品牌购买、购买名牌已逐渐成为消费者选购农产品的基本要求。

2. 农产品的产业用品市场购买行为

农产品除作为种子、种畜、种苗等继续用于农业生产外，作为原材料用于农产品的深加工已成为农产品产业用品市场的主体。产业用品市场上农产品的购买一般考虑生产成本、生产的稳定性和产出品质量特色等因素。农产品产业用品市场购买行为一般具有以下特点：

(1)购买的大量性　用做加工用原材料的农产品，一般在主产区大量采购，对主产区农产品的销售影响较大。

(2)购买交易的长期性　农产品加工企业为了保证生产的长期稳定，一般愿意在某一地区长期采购农产品，并经常希望与当地农业生产者签订长期购销合同，以保证稳定的原材料来源。

(3)购买的农产品要求标准化　为了保证加工品的品质特色，一般要求所采购的农产品品质必须符合统一的标准。如为酿造葡萄酒而采购葡萄，一般要求葡萄符合相应的含糖量等标准。

(4)购买的双向性　农产品加工企业为了取得符合标准的原材料，一般会向农户提供种子、种苗、种畜等生产资料，并向农户提供技术指导、病虫防治等服务，形成农户与农产品加工企业的双向购买。

### (三)农产品市场竞争分析

1. 竞争环境分析

竞争环境可分为外部竞争环境和行业竞争结构两个方面。外部竞争环境包括经济、社会、政治、技术等与企业竞争性营销活动间接相关而企业无法控制的间接环境因素和企业竞争地位、顾客特点、与供应商的关系、可资利用的资金市场与劳动力市场等企业可以控制或影响且与企业竞争性营销活动直接相关的直接环境因素。行业竞争结构一般按行业内企业数目、企业规模和产品是否同质等划分为完全竞争、垄断竞争、寡头竞争和纯粹垄断四种类型。从农产品的基本特征看,大宗农产品由于生产者数目多,规模小且产品同质,一般近似于完全竞争市场。特色农业中,由于产品异质,其市场竞争结构近似于垄断竞争,农产品的价格相对较高,赢利能力较强。

2. 竞争对手分析

第一,要明确谁是竞争对手。

第二,要了解竞争对手的历史营销业绩和高层领导人的经历背景。

第三,要弄清竞争对手的营销目标,包括财务目标、技术目标、市场地位目标和社会形象目标以及短期目标、中期目标和长期目标等。

第四,要分析竞争者为实现其营销目标可能采取的策略,并找出其策略的优点和弱点。

第五,要对竞争对手的实力进行评估,包括生产、资金、营销、管理等方面的基本能力、应变能力和坚持能力的评估等。

## 第三节　农产品目标市场选择

### 一、农产品市场细分

#### (一)农产品市场细分的概念

农产品市场细分就是根据农产品总体市场中不同购买者在需求特点、购买行为和购买习惯等方面的差异性,把农产品总体市场划分为若干个不同类型的购买者群体的过程。每个用户或消费者群就是一个细分市场,或称子市场。每一个细分市场都是由具有类似需求倾向的消费者构成的群体,分属于不同细分市场的消费者对同一农产品的需求与欲望存在明显的差异。整体市场细分如图 1-2 所示。

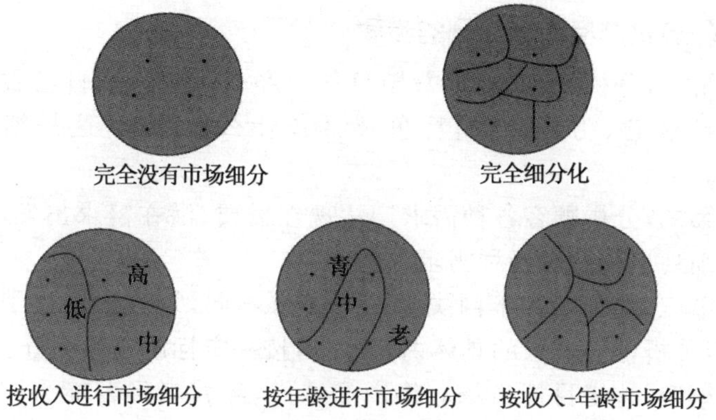


**图 1-2　整体市场细分**

（引自：http：//wenku. baidu. com/link？ url＝8Bdclha4jpYHUvQhlSlH0Zl1WATvmlftAb-PRZbxf4TM5qwWwkEqP8TSlKUm0s859D57Q9wtZF6y_WHiV5epI9M3Jnc4F-uXqepVrBdnsHa）

随着农产品的极大丰富及消费行为的多样化，消费者对农产品的需求、欲望、购买行为以及对农产品营销者的营销策略的反应等表现出很大的差异性，这种差异性使农产品市场细分成为可能。广大农户为了求得生存和发展，在竞争激烈的市场上站稳脚跟，就必须通过市场调研，根据消费者的需要与欲望、购买行为、购买习惯等方面的差异性，通过市场细分，发现市场机会。

### （二）农产品市场细分的作用

（1）进行农产品市场细分，有利于发现市场营销机会；

（2）进行农产品市场细分，能有效地制定最优营销策略；

（3）进行农产品市场细分，有利于农户扬长避短，发挥优势；

（4）进行农产品市场细分，有利于开发新产品，满足消费者多样化的需求。

## (三)农产品市场细分的步骤

第一,分析产品,确定营销目标。经营者要了解自己农产品的生产优势、劣势、产品特色及具备什么样功能,这是细分的基础。

第二,分析顾客各种需求。从现在需要、潜在需求出发,尽可能详细列出消费者各种需求。

第三,划分顾客不同类型。按需求不同,划分出各类消费者类型,分析他们需求的具体内容,然后按一定标准进行细分。

第四,选定目标市场。将产品特点、经营者经营能力同各细分市场特征进行比较,选出最能发挥经营者和产品优势的细分市场作为目标市场。

第五,进一步认识各细分市场特点,测量各细分市场大小,考虑各细分市场有无必要再作细分,或重新合并。

第六,选定目标市场,制定营销策略。

## (四)农产品市场细分的方法

当前农产品卖难是个普遍的现象,这在很大程度上是因许多农户、农产品加工企业并没有真正对市场细分所致。有的自认为"细分"了,实际上却分得很粗,比如把蛋类分为鸡蛋、鸭蛋等大类别,把鸡肉加工分为烤鸡、炸鸡等不同加工方法的大类别等,结果导致生产经营趋同化,竞争更加激烈。同样是细分,一只鸡能被内蒙古草原兴发集团开发出140余种深加工产品,仅鸡胸肉就有8个产品之多。

农产品市场细分的依据是消费者需求的多样性、差异性。消费者对农产品的需求与偏好主要受地理因素、人口因素、心理因素、购买行为因素等方面的影响。因此,这些因素都可以作为农产品市场细分的依据。

1. 地理细分

地理细分是按照消费者所处的地理位置、自然环境来细分市场，比如根据国家、地区、城市规模、气候、人口密度、地形地貌等方面的差异将整体市场分为不同子市场。如在我国南方沿海一些省份，某些海产品被视为上等佳肴，而内地省份的许多消费者则觉得味道平常。又如，考虑到我国市场营销环境的差异性很大，华龙集团制定了区域产品策略，最大限度地分割当地市场，因地制宜，各个击破。其产品在河南有“六丁目”，东北地区有“东三福”，山东有“金华龙”等。

地理变量易于识别，是细分市场应考虑的重要因素，但处于同一地理位置的消费者需求仍会有很大差异。比如，在我国的一些大城市，如北京、上海，流动人口逾百万，这些流动人口本身就构成一个很大的市场，很显然，这一市场有许多不同于常住人口市场的需求特点。所以，简单地以某一地理特征区分市场，不一定能真实地反映消费者的需求共性与差异，企业在选择目标市场时，还需结合其他细分变量予以综合考虑。

2. 人口细分

人口细分是指以人口统计变量，如年龄、性别、家庭规模、家庭生命周期、收入、职业、教育程度、宗教、种族、国籍等为基础细分市场。消费者需求、偏好与人口统计变量有着很密切的关系。比如，只有收入水平很高的消费者才可能成为高档服装、名贵化妆品、高级珠宝等的经常买主。人口统计变量比较容易衡量，有关数据相对容易获取，因此企业经常把它作为细分市场的依据。例如，华龙集团根据收入因素推出不同档次的产品，2000 年以前，华龙主推的大众面有“108”、“甲一麦”、“华龙小仔”，中档面有“小康家庭”、“大众三代”，高档面有“红红红”、“煮着吃”。同时，华龙集团根据年龄因素还推出适合少年儿童的“A 小孩”干脆面系列和适合中老年人的“煮着吃”系列。

除了上述方面，经常用于市场细分的人口变数还有家庭规模、国籍、种族、宗教等。实际上，大多数公司通常是采用两个或两个以上人口统计变量来细分市场。

3.心理细分

按照地理标准和人口标准划分的处于同一群体中的消费者对同类产品的需求仍会显示出差异性，这可能是消费者心理因素在发挥作用。心理因素包括个性、购买动机、价值观念、生活格调、追求的利益等变量。比如消费者在购买农产品时，有不同的购买动机：有求实动机、求廉动机、求名动机、求美动机、显贵动机、好奇动机等。有些老年人买菜专挑便宜的买，是出于求廉动机；有些年轻人买菜专买自己没有吃过的特菜，是出于好奇动机。

4.行为细分

行为细分是根据购买者对产品的了解程度、态度、使用情况及反应等将他们划分成不同的群体。比如根据顾客是否使用和使用程度细分市场，通常可分为：经常购买者、首次购买者、潜在购买者和非购买者。根据消费者使用某一产品的数量大小细分市场，通常可分为重度使用者、中度使用者和轻度使用者。消费者购买某种产品总是为了解决某类问题，满足某种需要。然而，产品提供的利益往往并不是单一的，而是多方面的。消费者对这些利益的追求往往会有所侧重，比如生产果珍之类清凉解暑饮料的企业，可以根据消费者在一年四季对果珍饮料口味的不同要求，将果珍市场消费者划分为不同的子市场。根据人们偏好不同，把猪肉分割为瘦肉、排骨、肥肉和猪皮；把鸭子的舌头、翅膀、脚板、鸭肠、鸭肝等分割开来，加工成特色产品；鱼也可按需分割为鱼头、鱼身、鱼尾、鱼子、鱼肚等产品上市。

以上是根据单因素细分，还可以根据多因素细分，如选定京津蔬菜市场，应考虑农产品质量是高档还是低档、价位是高价还是低价，若选择高收入家庭作为目标市场，应开发高档次和较高价位农产品。

## 二、农产品目标市场选择

### (一)农产品目标市场的概念

农产品目标市场是指农产品经营者打算进入的细分市场,或打算满足的具有某种需求的顾客群体。在选定目标市场后,还应对其产品品种、质量、包装等需求特点,维持市场正常运行的各种政策法规、管理体制,以及竞争对手的市场占领情况进行研究。

### (二)农产品目标市场的选择依据

(1)被选定的目标市场的现实需求量和潜在需求水平能否符合农业获利的目标。以利于安排农产品供应规模并持续地开拓本市场。如果选定的目标市场的现实需求量不大,会使供给者获利甚微甚至亏损,以至于无法持续经营。

(2)农业资源能否有相关的供应能力。例如,前面提到的绿色食品市场,虽然是个有机会的市场,但并不是适合作为所有农业区域发展的目标市场。对于在水、土、光、温等农业气候和环境资源条件无法达到生产绿色食品要求的地区,就不能盲目地将绿色食品市场选定为目标市场。

(3)被选定的目标市场的现实及潜在的竞争态势。一个细分的市场,有可能被许多地区或企业选为农业发展的目标市场。如果这个市场上竞争者众多,竞争比较激烈,那么想打入该市场必须先考虑一下自己是否有竞争优势,在这个市场上是否能做得比别人更好。如果没有明显优势,最好不在这个市场上浪费农业资源。如果在一个细分市场上竞争者较少或者你的竞争优势不易被别人跟从和效仿,就可以考虑把这个市场作为农业目标市场。

### (三)农产品目标市场选择的步骤

选择目标市场一般包括三个步骤:

1.估计目标市场需求

目标市场的需求是指在既定的市场环境中,某一类消费者购买某种产品的总额。这种市场需求数量的变化取决于消费者对某种产品的喜好程度、购买能力和经营者的营销努力程度。如果某种产品确实为消费者所喜爱,并且消费者的购买能力不断提高,经营者的营销策略正确,就有可能增加需求数量。估计目标市场需求时既要估计现实的购买数量,也要对潜在增长的购买数量进行估计,从而测算出最大市场需求量。农户要根据所掌握的最大市场需求量来决定是否选择这个市场作为目标市场。

2.了解目标市场竞争状况

市场竞争可能有多种情况,如品牌、质量、价格、服务方式、人际关系等诸多方面的竞争,但总的来说可以分为 2 种基本类型:一是在同样条件下比竞争者定价低;二是提供满足消费者的特种需要的服务,从而抵消价格高的不利影响。农户在与市场同类竞争者的比较中,要分析自己何处为长,何处为短,尽量扬长避短,或者以长补短,从而超越竞争者占领目标市场。

3.制定目标市场竞争战略

这是指农户在生产经营活动中要根据各自目标市场的情况,结合自己的条件确定竞争原则。选择市场竞争的战略通常可分为 3 种:第一种是“针锋相对式”的战略,即把经营产品定在与竞争者相似的位置上,同竞争者争夺同一细分市场。例如,有些农户在市场上看别人经营什么,自己也选择经营什么,实行这种竞争战略要求经营者具备资源、产品成本、质量等方面的优势,否则,在竞争上可能失败。第二种是“填空补缺式”的战略,即农户不去模仿别人的经营方向,而是寻找新的、尚未被别人占领,但又为消费者所重视的经营项目,采取填补市场空白的战略。例如,有的农户发现在肉鸡销售中大企业占有优势,自己就选择经营饲养“农家鸡”,并采取活鸡现场屠宰销售的方式,填补大企业不能经营的这一“空白”。第三种是“另辟蹊径式”的战略，即经营者在意识到自己无力与同行业有实力的竞争者抗衡时，可根据自己的条件选择相对优势来竞争。例如，有的经营蔬菜的农户既缺乏进入超级市场的批量和资金，又缺乏运输能力，就利用区域集市，或者与企事业伙食单位联系，甚至走街串巷，避开大市场的竞争，将蔬菜销售给不能经常到市场购买的消费者。

## 三、农产品市场定位

### (一)农产品市场定位的概念

农产品市场定位是对农产品所施行的市场定位行为，指农业经营者根据竞争者现有农产品在市场上所处的位置，针对消费者对该农产品某种特征或属性的重视程度，强有力地塑造自己的农产品与众不同的鲜明的个性或形象，并把这种形象生动地传递给顾客，从而确定该农产品在市场中的适当位置。

这种特色和形象可以通过产品实体方面体现出来，也可以从消费者心理方面反映出来，还可以从价格水平、品牌、质量、档次、技术先进性等方面表现出来。

### (二)农产品市场定位的方法

市场定位的方法多种多样，但由于农产品具有与一般产品不同的特点，因而，其定位方法有其特殊性。

1.根据农产品质量和价格定位

产品的质量和价格本身就是一种定位，一般来说，在消费者看来，较高的价格意味着较高的产品质量。农产品价格普遍偏低，对优质农产品实行高价，使其与普通农产品区别开来，满足消费者对优质农产品的需求，从而达到定位的目的。

2.根据农产品的用途定位

同一农产品可能有多种用途，如有的农产品既可供消费者直接食用，又可用于食品加工，那么可分别对它们进行不同的定位。此外，当发现一种农产品有新的用途时，也可运用这种定位方法。

3.根据农产品的特性定位

农产品的特性包括其种源、生产技术、生产过程、产地等，这些特征都可以作为农产品定位的因素。如“绿色农产品”、“无公害蔬菜”等都是根据农产品的特性进行定位。

4.根据消费者的习惯定位

这是由产品使用者对产品的看法确定产品的形象，进行目标市场定位。

### （三）农产品竞争优势的确立

农产品市场定位的实质是取得目标市场的竞争优势。为使自己的产品获得竞争优势，企业必须在消费者心目中确立自己产品相对于竞争者产品独特的利益和鲜明的差异性。简单地说，就是要使消费者感到自己的产品与众不同，即与竞争者有差异，并且偏爱这种差异。从这个意义上讲，目标市场定位又是一种竞争性定位。

为了获得竞争优势而进行的目标市场定位包括以下主要任务：首先要确定企业可以从哪些方面寻求差异化；其次找到企业产品独特的卖点；最后要开发总体定位战略，即明确产品的价值方案。

（1）寻求差异化。差异化指为使企业的产品与竞争者产品相区分，而设计一系列有意义的差异的行为。差异化可以从以下五个方面着手进行：①产品差异化，即实体产品的差异化，可体现在诸多方面，如形式差异、特色、质量、产地等差异。②服务差异化，主要体现在订货方便、交货及时、客户培训与咨询等方面。③渠道差异化。④人员差异化。⑤形象差异化。

（2）寻求独特的“卖点”。任何产品都可以进行各种程度的差异化。然而，并非所有商品的差异化都是有意义或有价值的。有效的差异化应该能够为产品创造一个独特的"卖点",即给消费者一个鲜明的购买的理由。

(3)确定价值方案,开发总体定位战略。消费者根据自身的价值判断进行购买决策,因而确定价值方案就成为企业总体定位战略的核心内容。所谓价值方案是指企业定位所依赖的所有利益组合与价格的比较。消费者往往以此作为价值判断的依据。

## 第四节 农产品营销组合策略

### 一、农产品市场营销组合的概念

农产品市场营销组合是指农业经营者为了销售农产品以实现营销目标和进入目标市场而对可控制的各种营销因素的综合运用。

市场营销因素很多,目前最常用的一种分类方法是由美国西北大学教授菲利普·科特勒在美国学者麦卡锡提出的"4Ps"的基础上又提出了"6Ps"的营销组合理论,他认为营销组合因素可概括为"6Ps",即产品(product)、价格(price)、地点(place)、促销(promotion)、政治力量(political power)和公共关系(public relations)六个组合因素,如图 1-3 所示。

### 二、农产品市场营销组合策略

农业经营者将营销组合的各因素视为统一的整体,把产品、价格、渠道、促销等方面的营销因素有机地结合起来,并根据不同的目标市场和不同的市场营销环境,制定出全方位的市场营销组合策略,完成农产品的销售,实现营销目标,取得经营利润。

#### (一)产品策略

产品是市场营销组合中最重要的因素,任何企业的市场营销

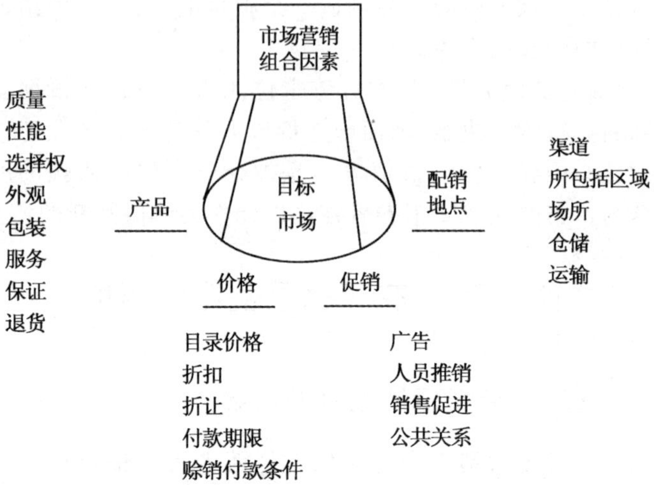


**图 1-3　4Ps 市场营销组合**

(引自:百度百科,http://baike.baidu.com/link? url=UYVrJtgaOuTo3rIvMFbqYgREyR8QvS3WZ72k1ZcoO-866EXFIvoYqLvpEV5vBIvx6ZQ5ztJq4cyCv0aUuEv8Nq)

活动必须以产品为基础,离开了产品,就无法满足消费者的需要,其他营销活动也就无从谈起。所以,产品策略是市场营销组合策略的基础。

产品策略包括新产品策略、产品组合策略、包装策略及品牌策略。对于新产品,农产品生产者应根据自身的条件有选择地进行新产品的开发生产,同时注重开发绿色农产品满足多层次需求;产品组合是农户或企业对于自己的产品线的设计和开发,以满足现代城镇居民的多层次需求,并且克服了鲜活农产品不宜贮藏、运输和保鲜的缺点,同时,加工后的产品可以不受季节和地域的限制,销售半径增大;现代市场营销中,包装的作用已不仅仅是保护产品和便于运输,而是作为营销的一种手段,精美的包装往往更能吸引人们去购买产品;建立农产品品牌是市场经济条件下竞争的需要,科学有效的品牌建设对于农产品品牌成长具有重大意义。具有良好品牌形象的农产品是农业产业中质量水平高、消费信誉好、市场占有率大、经济效益显著的产品,它是我国农业和农产品质量的象征。

当前我国农产品应做好以下几个方面:

1. 开发优质农产品

目前我国农产品市场普通产品严重过剩,优质农产品相对不足,而且随着人民生活水平的提高,对优质农产品的需求量越来越大,因此,开发优质农产品、特色农产品前景广阔。要树立市场营销观念,以市场为导向,开发符合市场需要的优质农产品,一方面要提高现有农产品的品质,另一方面要引进国外优良新品种,还要加强与农业科研单位的合作,不断开发优良新品种。如图1-4和图 1-5 所示。

图 1-4 嘉兴碧云花园优质农产品

2. 改进包装设计

大多数的农业经营者不重视农产品的包装工作,其实,包装对于农产品销售更为重要。一方面,包装增加农产品的美观度,提高产品档次;另一方面,包装可以保质保鲜,延长农产品的储存时间,有利于农产品的销售。因此,要充分重视农产品的包装工

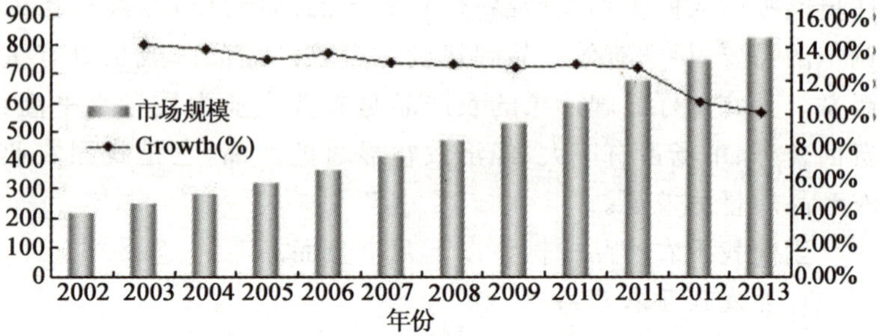


**图 1-5　2002—2013 年世界有机食品市场规模增长趋势**

作，设计符合农产品特色和风味的包装，增加农产品的价值，提高农产品的价格。如图 1-6 所示。

**图 1-6　农产品包装**

（引自：http://image.baidu.com/search/index? tn=baiduimage&ct=201326592&lm=-1&cl=2&ie=gbk&word=%C5%A9%B2%FA%C6%B7%B0%FC%D7%B0%C9%E8%BC%C6%20%CD%BC&hs=0&fr=ala&ori_query=%E5%86%9C%E4%BA%A7%E5%93%81%E5%8C%85%E8%A3%85%E8%AE%BE%E8%AE%A1%20%E5%9B%BE&ala=0&alatpl=sp&pos=0）

3. 创建农产品品牌

随着经济的发展，消费越来越变得多样化和个性化，消费者选购农产品也越来越注重品牌，他们喜欢购买具有较高知名度品牌的农产品。因此，企业要有品牌意识，培育强势品牌，创造差异性，提高农产品的市场竞争力。如图 1-7 所示。

**图 1-7 部分嘉兴农产品知名品牌**

(引自：http://image.baidu.com/search/index?tn=baiduimage&ipn=r&ct=201326592&cl=2&lm=-1&st=-1&fm=result&fr=&sf=1&fmq=1476165617240_R&pv=&ic=0&nc=1&z=&se=1&showtab=0&fb=0&width=&height=&face=0&istype=2&ie=utf-8&word=)

## (二)定价策略

定价策略是市场营销组合中最活跃的因素，企业定价既要考虑消费者的承受能力，以利于促进销售；又要考虑企业的成本补偿，以保证获取利润。

1. 农产品定价的依据

(1)产品的成本　成本是定价的下限，一般说来，商品价格必须能够补偿产品生产及市场营销的所有支出，并补偿商品的经营者为其所承担的风险支出。其形式主要有：生产成本、销售费用、储运费用、促销费用等。如果价格低于这些成本费用，就会亏损。在市场中，产品成本低，在价格方面有很大的主动性，所以企业总是力图降低成本。随着农产品生产交易量的加大，就会为降低产品的成本创造条件，从而增加获利空间。

(2)市场需求　成本决定了价格的底线，需求则是制定价格的“天花板”。顾客通过将所收取的价格和购买产品所带来的可感知价值或利益进行比较，从而得出该产品是否优劣，自己是否购买的结论。定价不仅要考虑弥补成本，更重要的是要捕捉顾客心目中的可感知的价值。如果能让顾客充分地认识到产品能带来的价值，当顾客关心这种价值胜过计较价格的时候，就可以把价格定得较高。

(3)竞争状况　农产品生产经营者在作价格决策时，需要考虑竞争者的成本、价格及对自身价格变动可能作出的反应。例如，一个消费者当想要购买一箱伊利软包装牛奶时，往往会将伊利的这种纯牛奶与光明、蒙牛、香满楼、扬子江等相近的纯牛奶的价格进行对比，最后作出是否购买伊利牛奶的决定。如果市场处于高度竞争的状态，产品的供应种类相似，农产品经营者想制定一个高于现行价格的价格将不会吸引太多购买者。因为如果价格太高，购买者就会转向其他生产经营者的产品。如果市场存在适度竞争，产品有较大的差异，则对产品定高价可以获得成功。因为消费者会认为其所供应的产品与众不同，有独特性。

2.农产品定价策略

农产品定价策略是在定价目标的指导下，根据农产品特征和市场条件，综合考虑影响价格的各种不同因素，运用具体的定价方法，对农产品价格进行决策。常用的定价策略有以下几种：

(1)渗透定价策略　农产品的同一个品种具有较大的同质性，因此经营者往往采取低价来吸引众多消费者。其理论根据是市场上存在一大群普通消费者，他们的购买行为相当理智，希望支付较低的价格来获得较高的满足。所谓低价，是相对于产品品种和服务水平而言的。这种策略的优势在于：低价低利能够有效地阻止竞争者加入，产品能较长时间地占领市场。这种策略主要包括以下3种。

①高质中价定位　指企业提供优质的产品和服务，但价格却定在中等水平上，以价格的优势吸引众多的消费者，使消费者感到花中等的价格获得高品质消费。

②中质低价定位　指企业以较低的价格，向消费者提供符合一般标准的产品和服务，使顾客以较低的价格，获得信得过的产

品。这一目标市场的顾客群对价格敏感，但又不希望质量过于低劣。例如，目前在我国正在兴起的仓储式商店的发展就是针对这一顾客群的。

③低质低价定位　产品没有质量优势，唯一有的是价格优势。这一策略主要迎合一些低收入阶层。使用低质低价策略的条件是：能够通过销售量的增加使产品的生产成本下降，且目标市场的顾客对价格非常敏感。如果发现竞争加剧，经营者应考虑有更低成本的产品推出。

渗透定价策略的适用范围是：新产品进入市场；产品市场规模大，市场竞争性较强；产品需求弹性较大，消费者对产品价格反应敏感，稍微降价就会刺激需求；大批量生产能显著降低成本；薄利多销的利润总额大于按正常价格销售的利润总额。

（2）撇脂定价策略　撇脂的意思是指从牛奶表面逐层撇取奶脂，撇脂定价是指新产品进入市场后经营者有意识地把产品价格定得大大高于成本，使其能在短时间内把开发新产品的投资和预定的利润迅速收回。采用这一策略的经营者在促销时，产品价格定到什么程度不以成本为标准，只要能满足顾客的炫耀心理，能显示出商品的高品质、高附加值即可。这一策略的实施往往配合以强大的宣传攻势，将产品推向市场，使消费者尽快地认识新产品，在短时间内形成强烈的需求欲望和购买动机。当然，采取高价策略要有支持高价的产品特性。比如，高价产品应该能突出显示消费者的地位和财富，意味着产品高品质、高档次等。目前我国农产品价格普遍偏低，同类产品的价格差别不大，再加上农产品自身的特殊性，农产品的定价策略要充分考虑各种因素，遵循优质优价的原则，以优质农产品、特色农产品实行高价，树立价格差异，通过高价策略获得竞争优势。

（3）尾数定价策略　一般消费者往往认为尾数价格是经过精密计算的，因而产生一种真实感，信任感、便宜感。尾数定价策略可以顺应某些地区、民族的风俗习惯，从而有利于扩大销售。如1 000克鸡蛋标价5.90元，比标价6.00元更能吸引顾客。现在用得尾数比较多的还有8，取“发财”中“发”的谐音。

(4)整数定价策略　根据消费者自尊心理的需要，对一些高级商品要采取整数定价，因为这种定价能满足顾客的虚荣心。例如一盒人参礼品如果定价为5 988元，就不如定价6 000元为好。因为顾客心理感觉5 988元只是5 000多元，心理上得不到满足，不易引起购买动机。

(5)差别定价策略　差别定价就是根据不同顾客、不同时间和不同场所，在经营不同牌号、不同花色和规格的同类产品时，不是一种商品一个价格，而是把商品定为几个不同的价格档次，差别定价的形式有以下几种：

①针对不同顾客群体定不同价格。如许多会员商店，对会员顾客实行标明的价格售货，而对非会员顾客购物则要加收价格的5%～10%。

②同一产品，按不同花色、样式和规格实行分档定价。如把同为红富士品种的苹果按照大小分成不同的等级，每个等级确定一个价格；出售猪肉时，根据不同部位确定不同的价格。

③按地点差别定价。根据销售场所的区位优势，交通便利程度、商服繁华度、消费群体层次等因素确定不同的价格。

④按时间差别定价。比如在日本一些大的超市里鲜鸡蛋早上和晚上的价格不同。再如同样的新鲜蔬菜元旦、春节期间价格要比平时高出1倍，甚至几倍。

差别定价可以使消费者感到商品档次高低的明显差别，为消费者选购提供了方便。但差别不宜太少，也不宜太多，且在实行差别定价时还要注意以下几点：市场是可以细分的，且每个细分市场的需求强度不同；商品不可能从低价市场流向高价市场，不可能转手倒卖；高价市场上不存在削价竞争；差别定价不应引起顾客不满等。

(6)折扣定价策略　折扣定价策略指经营者在顾客购买商品达到一定数量或金额时予以价格折扣。折扣定价策略包括以下几种：

①数量(金额)折扣　指卖主为了鼓励顾客多购买，达到一定数量(或金额)时给予某种程度的折扣。其形式有累进折扣和非累进折扣两种：累进折扣，为买方在一定时期内累计购买达到一定数量或金额时，给予一定折扣，购买越多，折扣比例越高；非累进折扣，是当一次购货达到卖主要求的数量或金额时，就会给予折扣优待。

②现金折扣　现金折扣是指消费者在赊销购物时，如果买方以现金付款或者提前付款，可以得到原定价格一定折扣的优惠。主要是销售商为及时回收货款而采取得一种价格促销方式。

③交易折扣　根据各类中间商在市场营销中功能的不同给予不同的折扣。交易折扣的多少，视行业、产品的不同以及中间所承担的责任多少而定。一般来说，批发商折扣较多，零售商折扣较小。按照美国百货业的习惯，是按零售价格 40% 和 10% 给予同业折扣，例如商品农产品零售价格为 50 元，商业折扣为 40% 与 10%，意思是：零售商对批发商付款 30 元(50－50×40%)，批发部门对生产者付 27 元(30－30×10%)，对不同功能的商业部门给予不同的折扣，使它们在不同的环节上都能得到合理利润，乐意经销生产者产品。交易折扣表现在农产品销售中为产地价、批发价、零售价的差价。

(7)地区定价策略　地区定价策略，就是当把产品卖给不同地区的顾客时，决定是否实行地区差价。地区定价策略的关键是如何灵活对待运输、保险等费用，是否将这些费用包含在价格中。因为在农产品定价中运费和保险费是一项很重要的因素，特别是运费和保险费占成本比例较大时更应该重视。具体方法如下。

①产地定价　指顾客在产地按出厂价购买产品，卖主负责将产品运至顾客指定的运输工具上，运输费用和保险费用全部由买方承担。这种定价方法对卖方来说是最简单和容易的。对各地区的买主也是适用的。

②统一交货定价　是指不论买主所在地距离远近，都由卖主将货物运送到买主所在地，并收取同样的运费。这种策略类似于邮政服务，因此又被称为“邮票定价法”。该策略适用于重量轻、运费低廉，并占变动成本比重较小的产品。它可以使买方感到免费运送而乐于购买，有利于提高市场占有率。

③分区运送定价　这是卖方将市场划分为几个大的区域，在每个区域内实行统一价格，与邮政包裹和长途电话收费近似。

### （三）渠道策略

农产品营销渠道是农产品及相关服务通过一系列相互依存的组织（或个人）从提供者转移到消费者的过程及相互关系，一般是指由具有交易职能的商业中间人所联结的农产品转移通道，在农产品从生产者到消费者转移过程中起桥梁作用。如图 1-8 所示。

农产品销售中各类渠道及其优点及其在运作中存在的主要问题如下：

1. 专业市场销售

专业市场销售即通过建立影响力大、辐射能力强的农产品专业批发市场来集中销售农产品。专业市场销售以其具有的诸多优势越来越受到各地的重视。如图 1-9 所示。

具体而言，专业市场销售具有以下优点：

（1）销售集中、销量大。对于分散性和季节性强的农产品而言，这种销售方式无疑是一个很好的选择。河南农民主要就是通过西瓜专业批发市场把优质的西瓜销往各地。

（2）对信息反应快，为及时、集中分析、处理市场信息，做出正

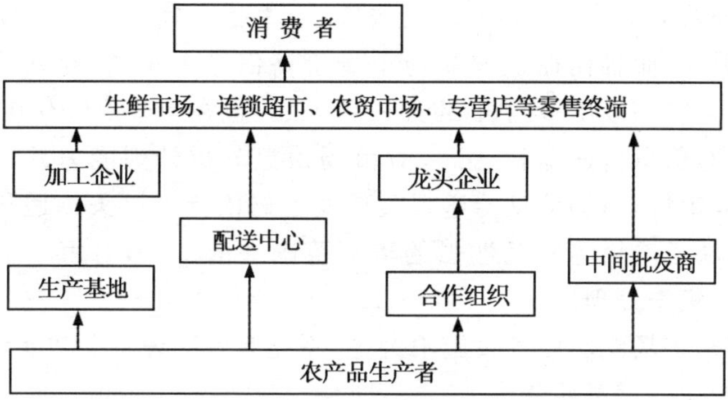


**图 1-8　农产品渠道构成**

(引自：http：// wenku. baidu. com/link? url＝YN_AJBWEO2WLisCh0V6FWzJsZrT5YzlfnZg14ENBmQ53ZSFCD36lfLqcos-ukM45ZlTcQZfPvPU815BHKrzMcvL4QWqW_uHeKlChdRBT4AG)

**图 1-9　嘉兴专业农产品市场**

确决策提供了条件。

(3)能够在一定程度上实现快速、集中运输，妥善储藏、加工及保鲜。解决农产品生产的分散性、地区性、季节性和农产品消费集中性、全国性、常年性的矛盾。

从现实运作情况来看，专业市场销售目前存在的主要问题：

(1)市场管理矛盾突出，市场体系不健全。

在一些专业销售市场，市场销售主体——农民经纪人在从事购销经营活动中，一手压低收购价，一手抬高销售价。不仅农民利益受损，而且往往造成当地市场价格信号失真，管理混乱。此外，税费管理政出多门、标准不一等问题，也在一些地区存在着。

(2)信息传递途径落后，对市场信息分析处理能力差。在有些专业销售，市场信息传递很大程度上仍依赖于口头传递和电话交流，缺乏网络等交互性强的覆盖范围大的工具；对市场信息不能实现集中处理。

(3)市场配套服务设施不健全，不能有效实现市场功能延伸。

2. 销售公司销售

销售公司销售即通过区域性农产品销售公司，先从农户手中收购产品，然后外销。农户和公司之间的关系可以由契约界定，也可以是单纯的买卖关系。这种销售方式在一定程度上解决了“小农户”与“大市场”之间的矛盾。夏邑县在发展农业的过程中，依托各乡主导产业，大力发展各类销售公司，有效地解决了农产品销售难的问题。

通过销售公司销售农产品具有以下优点：

(1)有效缓解“小农户”与“大市场”之间的矛盾。农户可以专心搞好生产，销售公司则专职从事销售，销售公司能够集中精力做好销售工作，对市场信息进行有效分析、预测。

(2)销售公司具有集中农产品的能力，这就使得对农产品进行保鲜和加工等增值服务成为可能，为农村产业化的发展打下良好基础。

但从实际运作过程来看，通过销售公司销售农产品主要还存在以下问题：

(1)风险高。特别是就通过契约和合同来确立农户与公司关系的模式而言，由于组织结构相对复杂和契约约束性弱等原因，使得这种模式具有较大风险。比如当农产品供大于求，合同价格大于市场价格时，公司不按合同价格收购契约户农产品。反过来当农产品供不应求时，市场价格高于合同价格，农户不按合同向签约公司交售产品，导致公司利益受到损失。

(2)行政干预在一些地方存在，特别是在国有制流通企业改制过程中，还存在“拉郎配”等行政干预行为，使得销售公司不能正常运作。

(3)销售公司和农户之间缺乏有效的法律规范。

3. 合作组织销售

合作组织销售即通过综合性或区域性的社区合作组织，如流通联合体、贩运合作社、专业协会等合作组织销售农产品。购销合作组织为农民销售农产品一般不采取买断再销售的方式，而是主要采取委托销售的方式。所需费用，通过提取佣金和手续费解决。

购销合作组织和农民之间是利益均沾和风险共担的关系，这种销售渠道的优点在于：

(1)既有利于解决“小农户”和“大市场”之间的矛盾，又有利于减小风险。

(2)购销组织也能够把分散的农产品集中起来，为农产品的再加工、实现增值提供可能，为产业化发展打下基础。

从现实运作情况来看，通过合作组织销售农产品主要存在以下问题：

(1)合作组织普遍缺乏作为市场主体的有效法律身份，不利于解决销售过程中出现的法律纠纷。

(2)农民参加合作组织的自愿、自主意识不强。各类合作组织的形成动因主要是行政力量的撮合。

(3)由于合作组织普遍缺乏资金，很难有效开拓市场。

(4)合作组织缺乏动力、决策风险较高。

4. 销售大户销售

在改革开放的大潮中，在农村涌现了许多靠贩运和销售农产品发家致富的"能人"。把农产品收购集中,然后源源销往各地;也有的是联系外地客商前来农产品生产地直接收购。

从实践来看,这种销售渠道具有适应性强、稳定性好的特点。具体来说:

(1)适应性强。能够适应各种农产品的销售,集中把当地农产品销往各地。浙江绍兴地区出现的销售大户,不仅解决了农产品销售难的问题,而且繁荣了当地经济。

(2)稳定性好。由于销售大户的收益直接取决于其销量,这就充分调动了"大户"们的积极性,他们会想尽各种办法,如定点销售与零售商利润分成等方式来稳定销量。

但作为个体农产品销售主体,在市场操作过程中往往遇到以下问题:

(1)信息不畅。由农户转化而来的销售大户,很难在市场信息瞬息万变的今天,对市场信息进行有效的搜集、分析、处理作好市场预测。

(2)风险较高。对于进行农产品外运的大户来说,会遇到诸多困难,如天气、运输、行情等。

(3)"大户"对市场经济知识缺乏较深了解,销售能力有限。

5.农户直接销售

农户直接销售即农产品生产农户通过自家人力、物力把农产品销往周边地区。近年来河南瓜农在售瓜过程中,较多采取了这种销售渠道销售,取得了很好的效果。

这种方式作为其他销售方式的有效补充,具有以下优点:

(1)销售灵活。农户可以根据本地区销售情况和周边地区市场行情,自行组织销售。这样既有利于本地区农产品及时售出,又有利于满足周边地区人民生活需要。

(2)农民获得的利益大。农户自行销售避免了经纪人、中间商、零售商的盘剥,能使农民朋友获得实实在在的利益。

但这种销售渠道的不足在于：

(1)销量小。农户主要依靠自家力量销售农产品，很难形成规模。

(2)销量不稳定。尽管从长期来看可以避免“一窝蜂”现象，但在短期，很可能出现某地区供大于求、价格下跌的状况，损害农民利益。

(3)一些农民法律意识、卫生意识较差，容易受到城市社区排斥。

6. 网络销售和促销

网络销售即通过计算机互联网进行销售。这种销售方式作为一种新兴的销售方式，在东南沿海一些发达地区得以应用，取得了一定的效果。随着互联网络的普及，可以预见这种销售渠道会显得越发重要。

现阶段来看这种销售渠道具有以下优点：

(1)宣传范围广。可以使更多的客商了解农产品生产地区的农产品供给情况，这样通过适当的宣传、组织为大幅提高销售量提供了可能。

(2)信息传递量大、信息交互性强。通过互联网可以使各地客商充分了解本地区农产品信息，促使其购销行为发生。

(3)节约交易费用。一方面客商不必为了解行情，来到农产品产地，为其节约费用，这样会促使起交易行为发生；另一方面各销售主体也不必为搜集信息东奔西跑，节约了销售成本。

但从大范围来看，在现阶段网络销售还有以下困难：

(1)网络基础薄弱。至今很多地区没有一家具有影响力的农产品信息网站。

(2)网络知识普及率低。在一些地区很多农民经纪人根本就没见过电脑。

(3)我国电子商务和网络销售处于起步阶段，缺乏完善的法律、法规来约束和规范网上交易行为。同时在很多县区缺乏有良好信誉的销售主体。

### (四)促销策略

农产品促销是指农业生产经营者运用各种方式方法,传递农产品信息,帮助说服顾客购买自己的农产品,或使顾客对农产品产生好感和信任,以激发消费者的购买欲望,促进消费者的消费行为,从而有利于扩大农产品的销售。常见的农产品促销方式有人员推销、广告促销以及农产品展销会等三种形式。在考虑农产品促销时,需要根据农业生产的实际情况和农产品的消费特点,选择适合农产品的促销方式。要灵活运用促销策略,与顾客建立长期关系,培养一批忠诚的顾客群。

1. 农产品促销组合

农产品促销组合就是农产品营销中把人员推销、广告宣传、营业推广和公共关系四种促销方式进行合理选择,有机搭配,使其综合地发挥作用,以取得最佳的促销效果,实现促销目标。

(1)人员推销　人员推销是指通过销售人员深入中间商或消费者进行直接的宣传介绍活动,使其采取购买行为的促销方式。人员推销是人类最古老的促销手段。远在小商品经济时代,商人的沿街叫卖、上门送货等就属于人员推销。在商品经济高度发展的现代社会,人员推销这种古老的形式更焕发了青春,成为现代社会最重要的一种促销形式。

同非人员推销相比,人员推销的最大特点是具有直接性。人员推销是一种推销员与消费者面对面的双向沟通的活动,它是一种非常有效的产品促销方法。

人员推销是促销组合中的一个重要组成部分,我国大量存在的农产品经纪人的行为是农产品人员推销的主要形式之一。

(2)广告　广告是指由广告主采取付费方式,委托广告经营部门通过传播媒体,以现代科学技术和现代化设备为手段,以策划为主体、创意为中心，对受传者进行的以有关企业目标、经营方式、产品或服务项目为主要内容的宣传活动，旨在使受传者心目中牢固树立企业形象、品牌形象及产品形象，从而达到刺激、扩大市场需求，开拓潜在市场、扩大市场份额与产品销售，进而指导消费者、培养受传者新的生活方式的目的。

我国许多农产品的营销者仍然遵循着旧观念，固守市场，导致市场范围越来越小，竞争力越来越弱，占有率越来越低。随着市场营销环境的变化，广告已成为促销的主角，肩负着创名牌和增效益两大特殊使命。但综观国内各类广告媒体，除在地方媒体上出现寥寥无几的农产品广告外，全国性媒体上还很少有农产品广告。极小的广告范围是很难使中国的农产品走向国内外市场的。因此，应结合农产品个性特征挖掘其独有魅力，做好广告宣传。

(3)营业推广　营业推广又称销售促进，是指为刺激需求而采取的能够迅速激励购买行为的促销方式。

与其他的促销方式不同，营业推广多用于一定时期、一定任务的短期特别推销。一般来说，人员推销、公共关系、广告等促销方式都带有持续性和常规性，而营业推广则常常是上述促销方式的一种辅助手段，用于特定时期和特定商品的销售。

根据农产品的特点，农产品的营业推广适合采用特价、价格折扣与优惠券、免费品尝、展销会、加量不加价等方式。如生鲜超市常对某一种蔬菜进行特价限量购买，以树立一种物美价廉的形象，带动其他商品销售。

(4)公共关系　公共关系指一个组织为了改善与社会公众之间的关系，通过双向信息沟通，增进公众对组织的认识、理解与支持，树立良好的组织形象，为自身事业的发展创造最佳社会环境而开展的一系列活动。

公共关系是企业促销策略之一，由于农产品的促销活动一般由政府和当地新闻媒体一起发动，所以依靠公共关系进行产品促销往往能够取得较好的效果。

2. 目前农产品主要促销方式

(1)农产品的人员推销　农产品的人员推销包括集体组织的产地人员推销和农业企业专职营销员的推销活动。产地人员推销农产品主要是当地政府有关部门组织的农产品推销活动。在一些农产品集中进行商品化生产的产地，如蔬菜产地、瓜果产地等，由于生产量大和销售季节集中，一到收获季节，产地就会出现局部的供大于求，导致价格下降、出现卖难问题。产地政府和农民合作经济组织对此都十分重视，为了帮助农民解决卖难问题，每当农产品快要上市的季节，产地就会组织人员到各地去，通过熟人、老客户等关系开展推销业务。他们主要前往大中城市的农产品批发市场，通过与市场上常年从事批发业务的经销公司或经销大户签订供货合同，为产地的农产品扩大销路。产地组织的人员推销多带有政府对农业的营销支持行为，当地政府部门组织和抽调人员参与推销，并有一定的资金投入。

农业企业专职营销人员推销与产地人员推销不同。企业人员的推销包括两个方面：其一是联系经销商，通过建立自己的经销商网络，形成稳定的销售渠道；其二是向人流大的商场和超市等派出助销信息员，专门向顾客介绍自己企业的产品，引导消费者了解和选择购买本企业的产品。同时，企业的助销信息员还肩负着观察顾客购买行为和听取顾客意见的任务，有利于企业及时了解消费者的需求变化和市场竞争情况，不断调整自己的营销策略。

(2)农产品的广告促销　由于农业生产的利益比较低，农产品又是人们的生活必需品，需求弹性小，所以过去很少有农民给自己的产品做广告。当农产品市场供大于求后，农业生产者之间、产地之间就形成了相互竞争的市场格局，谁不向外传递信息，不搞促销宣传，谁的产品就不会有人知道、就卖不出去。现在，越来越多的农业经营者开始注意到了广告的作用，也开始利用广告手段来促销自己的产品。农产品广告最多的是供求广告，主要以调节余缺为目的，卖方寻找客户，买方寻找货源。供求广告的内容包括商品名称、数量、价格、交货地点和联系方式等。由于供求广告的内容简短，广告费用低，在各地被普遍采用，客户很容易根据广告提供的信息与买方达成交易，取得预期的效果。供求类广告属于信息告知，要求广告信息在一定时间内可保存，客户可查询，而且受众多是生产者、加工者、经销商或购物团体等，因此，可多选择与农产品相关的行业类报纸、杂志等作为广告媒介。如图1-10所示。

**图 1-10 农产品平面广告**

（引自：韩志辉. 光华博思特，http://www.bestmarketing.cn/sbtdt/502.html）

随着我国农村计算机信息网络的普及，网上做广告已经成为广大农业经营者发布产品信息的主要方式。网络广告具有成本低、易检索查询、可在网上直接洽谈协商等优点，对农产品经营者来说，是一个实用性强、效果好、很有发展前景的广告媒介。

(3)农产品展销会　参加各种农产品展销会是农业生产者和企业促销农产品的好机会。这些展销活动多数是由产地或行业组织在政府支持下举办的。活动之前通过发通知、做广告等进行广泛宣传,活动的组织机构还向有关部门和企业发出参会邀请。展销会一般都有开幕式、领导剪彩等仪式,期间邀请各种媒体参与采访报道,声势浩大,参加者踊跃,是促成大批量订货的好机会。有些展销会在农产品产地举办,邀请众多客商前来并安排现场参观和座谈交流,不但产品促销效果好,而且树立了良好的产地形象,扩大了产地的知名度。如农业部举办全国优质农产品展销周活动就是要向中外客商展示全国各地的优质特色农产品、绿色食品和有机食品,进一步促进农产品贸易流通,丰富农产品市场供应,促进农产品销售。如图 1-11 所示。

**图 1-11　嘉兴农产品展销会**

# 第二章

# 农产品品牌策略

## 第一节　农产品品牌建设

### 一、农产品品牌个性

#### （一）品牌

1. 品牌的含义

菲利普·科特勒（Philip Kotler）给出品牌的概念：品牌是一种名称、名词、符号或设计图案，或是它们的组合运用，其目的是用以识别企业提供给某个或某群消费者的产品或服务，并使之与竞争对手的产品或服务相区别。

品牌就是符号、认可和资产。

2. 品牌的发展

品牌最早产生于古挪威 brand，是指烙印，也就是在 1865 年，美国辛辛那提，海运屠宰动物产品，帆布上打记号，以区分各家的动物产品。后来世界第一个品牌宝洁香皂诞生了。如图2-1所示。

图 2-1　品牌标志

(引自:http://image.baidu.com/search/index?tn=baiduimage&ct=201326592&lm=-1&cl=2&ie=gbk&word=%CA%C0%BD%E7%B5%DA%D2%BB%B8%F6%C6%B7%C5%C6%B1%A6%BD%E0%CF%E3%D4%ED%B1%EA%D6%BE%CD%BC%C6%AC&hs=0&fr=ala&ori_query=%E4%B8%96%E7%95%8C%E7%AC%AC%E4%B8%80%E4%B8%AA%E5%93%81%E7%89%8C%E5%AE%9D%E6%B4%81%E9%A6%99%E7%9A%82%E6%A0%87%E5%BF%97%E5%9B%BE%E7%89%87&ala=0&alatpl=sp&pos=0)

## (二)农产品品牌

1. 农产品品牌的含义

农产品品牌是能够将某种农产品与同类农产品相区别,把某种农产品的特点用特定的品牌表现出来,使消费者一看到这个品牌就会想到这种农产品的质量、价格、特色及售后服务的独到之处。如嘉兴罗星甜瓜、北京大兴梨、房山磨盘柿等。如图 2-2 所示。

2. 农产品品牌的特性

农产品品牌是品牌的一种类型。农产品品牌价值由消费者决定,由生产者实现。农产品品牌的核心是"农产品+产业"。

农产品具有差异性,包括品种、区域、生产管理、文化背景等。

图 2-2 农产品品牌标志

农产品品牌要具备“特色、品质、创意”核心要素，也就是要具备与其他农产品区隔开来的鲜明个性，即“差异”。所以，农产品品牌一定要深深打动人的心智。

农产品品牌的特殊性源于农产品生产经营的特殊性。主要包括：自然环境、生产条件、经营方式等方面。现在对农产品品牌的一些认识如区域品牌、三品一标，这些都是农产品品牌建设过程中的要素和条件。

### （三）农产品区域品牌

1. 农产品区域品牌的含义

区域品牌是基于农产品区域特色而自然形成的，具有显著的域内公共性和域外排他性。农产品区域品牌是指特定区域内相关机构、企业、农户等所共有的，在生产地域范围、品种品质管理、品牌使用许可、品牌行销与传播等方面具有共同诉求与行动，以联合提供区域内为消费者的评价，使区域产品与区域形象共同发展的农产品品牌。例如杭州临安“天目笋干”、“临安山核桃”的品牌资产分别达到 16.95 亿元、13.25 亿元。再如嘉兴秀洲区域品牌，如图 2-3 所示。

2. 农产品区域品牌的特殊性

(1)一般须建立在区域内独特自然资源或产业资源的基

**图 2-3　区域品牌标志图**

(引自：http：// image. baidu. com/search/index? tn = baiduimage&ct = 201326592&lm=-1&cl=2&ie=gbk&word=%BC%CE%D0%CB%D0%E3%D6%DE%C7%F8%B9%AB%D3%C3%C6%B7%C5%C6%20%B1%EA%D6%BE&hs=0&fr=ala&ori_query=%E5%98%89%E5%85%B4%E7%A7%80%E6%B4%B2%E5%8C%BA%E5%85%AC%E7%94%A8%E5%93%81%E7%89%8C%20%E6%A0%87%E5%BF%97&ala=0&alatpl=sp&pos=0)

础上。

(2)品牌权益不属于某个企业或集团、个人拥有，而为区域内相关机构、企业、个人等共同所有。

(3)具有区域的表证性意义和价值。特定农产品区域公用品牌是特定区域代表，因此，经常被称之为一个区域的"金名片"，对其区域的形象、美誉度、旅游等都起到积极的作用。

3. 农产品品牌与区域品牌关系

农产品品牌与区域品牌是"小和大"、"分和总"和"子和母"的关系。

农产品品牌具有极强的个性特质和商业追求，这就要求在农产品品牌建设过程中，务必遵循市场为先导、区域品牌为背景、企业运作为主体、政府搭台为辅助的原则。

### (四)品牌与商标

1. 商标的含义

商标是指按法定程序向商标注册机构提出申请,经审查,予以核准,并授予商标专用权的品牌或品牌中的一部分,商标受法律保护,任何人未经商标注册人许可,皆不得仿效或使用。

2. 商标的产生

商标就是商品的标记,它不仅用以区别商品生产者,同时也是商品质量的一种保证,又是提高商品信誉,扩大商品宣传,引起消费者的兴趣,繁荣社会经济的重要形式。一般商标是把图像和文字结合起来,两者兼用。现存的宋朝“济南刘家功夫针铺白兔商标”是目前我国已知最早商标。

3. 商标与品牌的区别

品牌只有根据《商标法》登记注册后才能成为注册商标,才能受到法律的保护,避免其他任何个人或企业的侵权模仿使用。

商标是一个法律的概念,而品牌则是一个市场的概念。例如,嘉兴市平湖“妙农缘”牌葡萄的知名度和信誉度在上海市场逐渐打响,不仅成功入驻上海各大超市,而且每千克的售价要比普通葡萄价格高出 2～3 元,最高时相差达 5 元以上。

## 二、农产品品牌的认知度

### (一)品牌发展路线

品牌发展的路线图,如图 2-4 所示。

### (二)品牌传播的环境

品牌传播的环境,如图 2-5 所示。

农产品品牌传播为何无效? 主要是定位不对,努力白费。

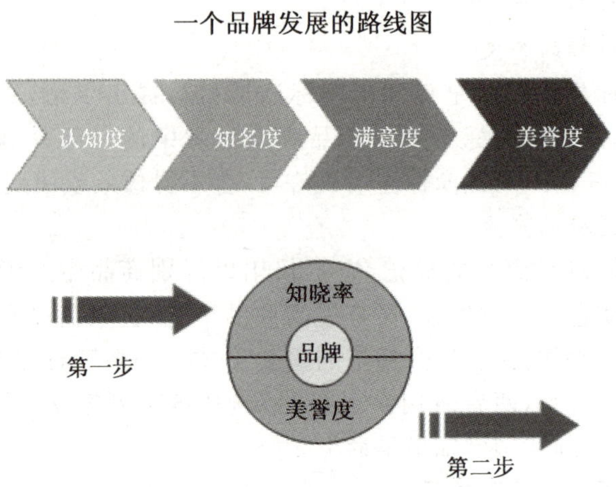


**图 2-4　品牌发展路线图**

(引自:http://wenku.baidu.com/view/38a83347be1e650e52ea99b4.html? from=search)

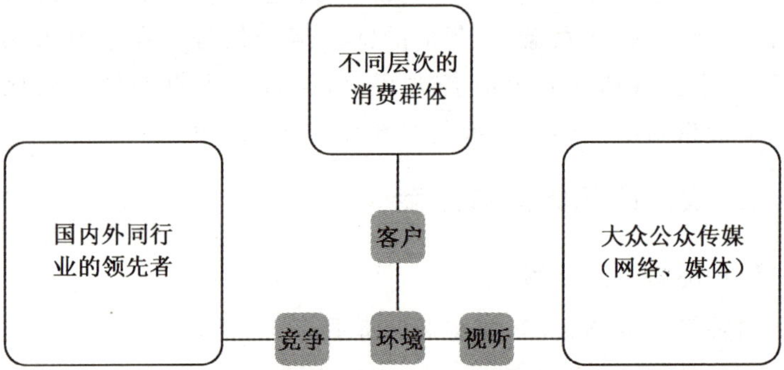


**图 2-5　品牌传播环境图**

(引自:http://wenku.baidu.com/view/38a83347be1e650e52ea99b4.html? from=search)

## 延伸阅读

### 案例:恒大冰泉

恒大冰泉打出广告:喝茶唇甘,做饭也香;世界三大好水,价格8.8元1瓶。20天砸13亿元广告,30天与经销商签约57亿元,做出口,一处水源供全球,土豪做法。而2013年11月10日卖水,又推出恒大粮油,有机大米每斤63元。2015年7月18日,马云投足,12亿元投向广州恒大足球俱乐部,50%股权。如图2-6所示。

启示1:忽视外部竞争。农夫山泉:2013年受损,2014年占35%市场,因此说,农夫山泉永远处在占领人的心智的高度,占领人的心智是深深的护城河。

启示2:违背顾客认知。例如,茅台白酒是人们非常熟悉的品牌,而茅台公司又推出红酒、啤酒,所以茅台红酒、啤酒就违背顾客认知。

**图2-6 恒大冰泉**

(引自:http://wenku.baidu.com/view/56e2238b561252d380eb6ee8.html?from=search)

### (三)品牌目标消费者的需求阶段

品牌目标消费者的需求阶段，如图 2-7 所示：

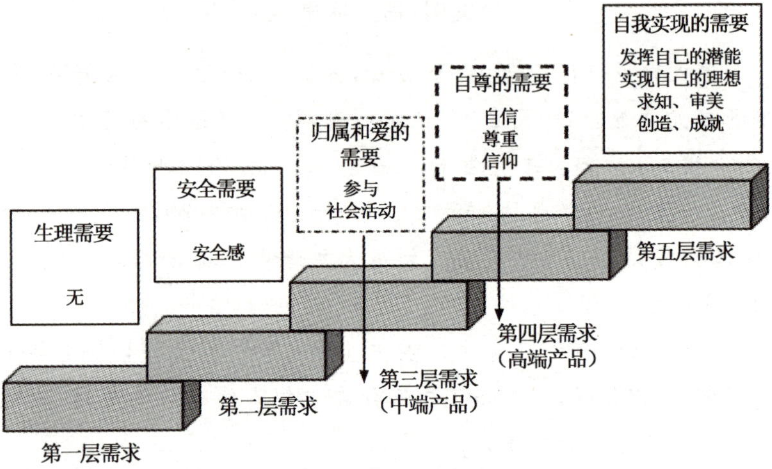


**图 2-7 品牌目标消费者需求阶段图**

(引自：http://wenku.baidu.com/view/38a83347be1e650e52ea99b4.html?from=search)

### (四)品牌经营的四阶段

品牌经营的四阶段，如图 2-8 所示。

### (五)品牌管理

第 1 步：勾画出品牌的"精髓"即描绘出品牌的理性因素。用事实和数字勾画。

第 2 步：掌握品牌的"核心"即描绘出品牌的感性因素。文化渊源、社会责任、消费者心理因素和情绪因素。

第 3 步：寻找品牌的灵魂，即找到品牌与众不同的求异战略。

第 4 步：品牌的培育、保护及长期爱护。品牌管理的重点是品牌的维持。

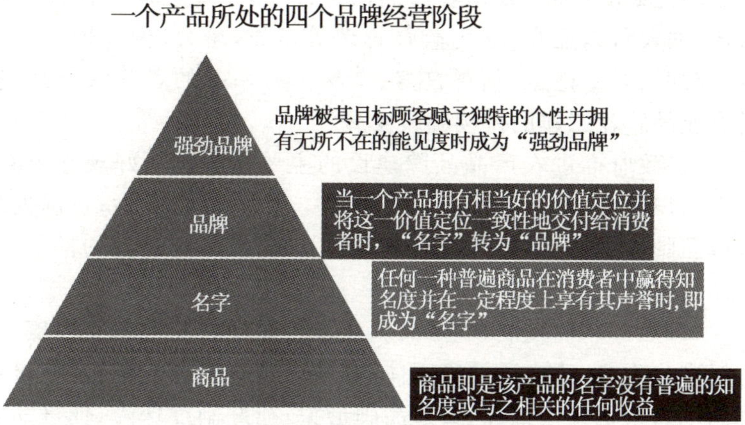


**图 2-8 品牌经营四阶段图**

(引自:http://wenku.baidu.com/view/38a83347be1e650e52ea99b4.html? from=search)

## 三、农产品品牌建设

### (一)农产品品牌建设基础

1.影响农产品品牌建设的因素

产品质量:安全性、稳定性、商品性、品质特色。

产业发展:规模化、组织化、标准化、技术水平、质量控制、经营管理。

2.品牌建设要遵循以下基本原则

政府引导、企业主体、部门联动、专家咨询、社会参与。

### (二)农产品品牌建设途径

1.政府要做什么

以龙头企业为依托,发挥专业合作经济组织、行业协会的作用,通过大力实施农业标准化,推进农业产业化,加快发展安全、放心的优质农产品，鼓励农产品商标注册，开展名牌农产品评选认定，加大营销推介，强化监督管理等工作，培育、做强做大一批特色鲜明、质量稳定、信誉良好、市场占有率高的名牌农产品，促进农业品牌化工作的持续健康发展。

(1)政府推进农产品品牌建设的主要抓手。抓好观念更新，科学认识品牌；遵循品牌成长规律，适应农产品特殊性；正确处理区域品牌、三品一标等与品牌建设的关系；做品牌建设的推手，不将品牌建设当抓手。

(2)抓好产业发展，支撑品牌建设。提高农民组织化程度；推进标准化生产；建立质量管理体系(推行良好农业规范、建立可追溯制度)；组织市场推介、塑造品牌形象；抓好制度保障，促进品牌建设；处理好区域品牌与企业品牌的关系。

2. 企业要做什么

立足市场；懂品牌经营与管理；理解农业发展与产业关系；理顺与农民的利益分享；还要有规划。如图 2-9 所示。

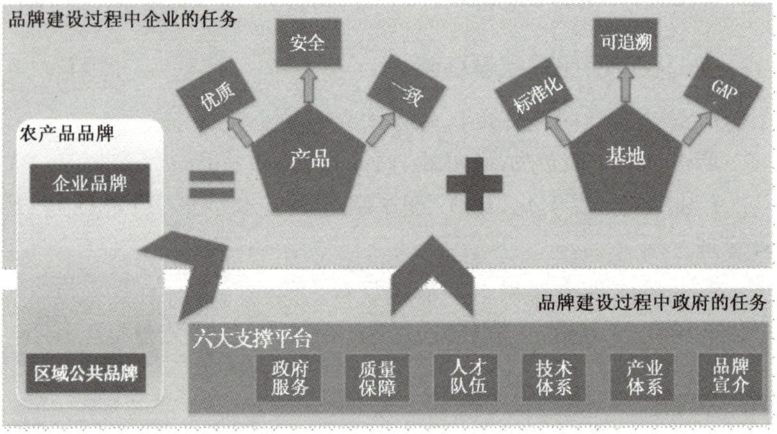


**图 2-9 企业品牌建设过程图**

(引自：http://wenku.baidu.com/view/38a83347be1e650e52ea99b4.html? from=search)

# 第二节　农产品品牌推广

## 一、农产品品牌推广意义

品牌推广,也称品牌宣传,是品牌建设的最终目的。农产品的品牌建设推广不仅是让农民在种植的产品有了自己的名字,在市场上可以骄傲辨认出自己种植的农产品,而且实现了农产品的市场化、商品化和标准化,农产品品牌建设实现了自身的竞争力,有利于当地经济的发展。具体体现为:农产品品牌推广是现代社会发展的需要;推广农产品品牌有助于降低农产品的生产和运营风险;推广农产品品牌可以有效地提升农产品企业的市场竞争。

## 二、农产品品牌推广成功的主要影响因素

要适应现代社会和市场需求,成功的推广一个农产品品牌是一件十分不容易的事。除了正确地选择品牌推广方式之外,还要注意影响农产品品牌推广成功的因素。

1.农产品本身的特点可成为品牌推广的“卖点”

现代营销学认为,要想让消费者购买你的产品就必须给消费者一个购买你产品的理由。这个理由,从消费者角度讲就是“买点”,从营销者角度讲就是“卖点”。干窑“富硒大米”防癌;普洱茶“养胃”;王店三元鸡营养好;崔氏饲料无公害、“中药保健”、替代激素抗生素等便是例证。信阳毛尖好是因为信阳当地的特殊气候和土壤;原阳大米好在与黄河水中有利于稻谷生长的物质与当地的土壤有机的结合;灵宝的苹果特别甜,是因为那里的土壤含金量高等。

2.推广方式必须与农产品品牌目标定位相一致

"自说自话"、"对牛弹琴",实质上说的都是没有找到目标人群,所谓对什么样的人说什么样的话,那么,任何一个营销推广的进行,必须明确目标人群在哪里,有针对性地对他们进行教育、影响,甚至直接说服购买。如何让推广效果得到提升,提升品牌的知名度,找对目标人群很关键。例如,一种农产品一旦定位为高端产品,绝对不能选择路边店、小型零售店,更不能走街串户乱吆喝。如果是定位于大众消费,包装和定价就不能太高档,也不适宜在高级大卖场中出现。

3.品牌名称必须易于传播和推广

简洁、上口、易读易记易懂、富于启发、寓意吉祥的品牌名称是品牌传播的第一要素;让消费者听见、看见品牌就忘不掉则是品牌推广的最高境界;让消费者用过产品后还想买,这是品牌推广成功的标志。

4.产品包装要有助于品牌推广

包装是品牌形象的重要构成部分,是品牌形象的直接体现,也是品牌持续传播的主要载体。精美、灵巧、实用、特色鲜明的包装一旦与产品的特性相适应,便会快速直接地刺激消费者的购买欲望,甚至消费者在使用后也舍不得扔掉,便会发挥更为持久的促销作用。

长期以来,农产品销售中一直对包装不够重视,存在着"一流产品,三流包装"的普遍现象,这也是许多农产品卖不上价钱,品牌效应难以发挥的主要原因。目前人们逐步对农产品的包装重视起来了。

5.宣传推广力度要适度

进行品牌宣传推广,需要一定的资金投入。如果投入过低,不仅宣传的范围会受到限制,而且宣传的效果也会大打折扣。如果投入过高,超出企业的预算或承受能力,虽有可能获得一些促销效果,但可能增加成本,降低利润。因而,农产品企业的品牌推广费用必须与企业的实力相匹配,量力而行。

6.品牌推广要随产品生命周期变化进行调整

农产品品牌的宣传推广不可能是固定不变、一劳永逸的,也是随着市场发展阶段的变化而变化。通常情况下,在产品生命周期的引入期,应以通知性的广告为主,配合促销鼓励消费者尝试使用新产品,旨在提高产品品牌的知名度。在成长期,消费者对品牌的认知水平大大提高,应加强广告和促销,促使消费者现实购买,重在提高产品品牌的美誉度。在成熟期,广告诉求重点应转变为提醒老顾客重复购买。品牌推广突出人员推销的力度,争取维持高水平的销售,重在提升顾客的品牌认知度。

7.高档定位的农产品品牌应"自上而下"推广

高档定位的农产品品牌,一般价格都比较高,其目标对象多为城市高收入阶层或者社会声望和地位都比较高的消费阶层,这类人通常都有一定的社会影响力,在消费过程中有时也会产生"榜样"(暗示)的作用,容易形成消费模仿和时尚流行。通过公共关系、人员推销、团购、免费品尝、食用等方式,让这部分人养成该品牌产品消费习惯,从而带动更多的人模仿和从众消费。

8.遵循由近及远的原则开展品牌推广活动

一方水土养一方人。因地理位置、气候、土质和水质的差异性等,造成农产品本身品质、口感等方面的差异,加之传统社会物流运输条件的有限性,使农产品的销售和消费具有明显的区域性;农产品品牌的传播除具有口碑性、区域性之外,还具有明显的由近及远的传播特点。农产品的推广最好实行"本地带动、周边辐射,由近及远、循序渐进"的推广策略,既可以节省费用,又可以稳步发展。

## 三、农产品品牌推广方式

农产品品牌推广的方式多种多样，并无固定的模式。近年来我国农产品营销中最有效的品牌推广方式为口碑传播、电视广告、利用产品本身的推广、公共关系、人员推销、网络广告、实地推广、终端促销、互联网推广等。

1. 口碑传播

口碑传播就是让满意的人告诉他身边的亲朋。在亲朋之间交谈的时候，人们都是没有戒心的，信息可以直接到达受众的心底。口碑传播是平时人们面对面的沟通方式，它是最直接、最高效的方式，容易成为一个“圈子”中一个时间段的谈论话题。口碑传播的说服力比广告、比公关、比其他任何推广方式的说服力都要强。让别人主动为你说好话，让消费者去为你的产品做推广、做销售。口碑传播的要领是产品品质确实好；要有意识地对产品特点进行总结，并概括成朗朗上口的传播语言效果更好。

2. 广告策略

广告是借助大众媒体的营销宣传，是农产品品牌推广的主要工具。广告表现手法宜采用符合目标客户品位的表现手法，以务实为主，强调简明，可信，以单刀直入的方式表明项目的利益点和支持点，不追求前卫创意和过度的艺术表现；突出产品卖点，以媒体品牌塑造和产品性价比两大推广线为主，构成总体的广告推广策略。运用广告宣传农产品需要注意准确地把握消费者的真正需求，卖点要鲜明，表现形式要有创意。

3. 产品推广

调查发现，许多消费者对产品本身的品牌推广感兴趣。如“SOD”蜜苹果等将产品商标或品牌名称贴在果品本身，通过将品牌文字或图案留在果品身上，让顾客非常直观地感受品牌，印象非常深刻。只是这种推广方式的适用范围有限，很多农产品难以操作。

4.公共关系

适合农产品品牌推广的公关策略主要有:①相关会议的展示和演讲。如参加农产品博览会、交流会、相关专题的研讨会等,展示产品形象,宣传产品特点,传播品牌概念;②利用与消费者息息相关的活动或者节日等进行品牌推广;③公益服务。如向特定公众进行赞助等。这是公关常用的方式,树立企业的美誉度和知名度;④书面材料。

5.网络推广

企业利用网络来进行农产品品牌的推广,取得了非常明显的效果。

"中国南湖品牌农产品推广平台"以建设网上农产品品牌推广基地为目标,打造网上品牌资源集成服务中心,农产品品牌培育中心、护牌创牌信息中心,使全区特色农产品"抱团"打品牌。其网站展示有三:一是企业形象展示,通过简介、荣誉,全面展示品牌企业的风采和实力;二是农产品形象展示,分门别类地展示南湖区知名品牌的农产品,显示当地的区域特色,将一些不为外地人所知的优质农产品利用互联网推到前台;三是产品品牌形象展示,通过五芳斋、文虎等一批中国驰名商标和省市级著名商标的展示,引领南湖区农产品品牌形象整体提升。

6.人员推销

人员推销是企业的销售人员用面谈的方式,向具有购买欲望的顾客介绍商品、推销商品,实现企业销售目标。品牌农产品推广需要建立强大的推销队伍,可以结合目标市场。重视人员队伍的招聘、培训、评估和激励,并注重人员推销技巧的运用,通过演示和演说积极传递品牌农产品的新信息,建立长期的客户关系。

7. 实地推广

由于农产品品质具实际体验的特点，让人们对农产品的原产地倍感兴趣，认为原产地产品才最正宗，因而乐意借旅游、出差、路过到原产地购买。所以，利用好原产地优势进行品牌推广。

8. 终端推广

终端产品展示可直接激发消费者的购买欲望和购买行动。因此，农产品企业必须重视渠道终端现场的品牌推广工作。终端品牌推广集中体现在品牌宣传、品牌展示（包装）、摆放位置、导购员的介绍等方面。如何设计吸引人眼球的宣传品（海报、吊旗、条幅、展板等）、产品外包装至关重要。

## 四、农产品品牌战略规划

### （一）定位目标群体

1. 寻找品牌目标消费群体

不论是农业种植业，还是养殖业，首先要定位目标群体，选定目标人群可从消费观念入手。例如，浙江省名牌农产品——银嘉善甜瓜，其定位“止渴、除烦热保健！”，消费目标群体需要银嘉善甜瓜具有止渴消暑，除烦热保健的作用。三只松鼠在做自己的品牌时就找准90后这一目标消费群体，使之这个农产品电商品牌做响做大，家喻户晓。

2. 从消费心理切入，消费者需要生态

例如，福建红菇基地以拟人化的手法介绍自己。我，是一朵红菇。长在武夷深山，愿做真正的自己。有着特别的绯红，更有醉人的鲜甜。如果你遇见了我，请带我走。红菇，我来自武夷山，武夷山树绿竹翠，奇峰突兀，早晨时分，空气中还弥漫着一层薄薄的雾气，而我就生长在武夷山这幽静山林的落叶堆里！我源自自然生长；时至今日，我都无法采用人工栽培。我的本质清甜；我煲汤之后，风味清新，汤水香甜。我是红菇，我不普通；因为我原生态生长；我不普通，因为我鲜甜可口。如图 2-10 所示。

**图 2-10 红菇示意图**

（引自：http://www.ttmeishi.com/YuanLiao/d2857a309c7ed477.htm）

3. 从消费风俗切入做好品牌定位

例如，消费者到了每年的五月初五端午节，有吃粽子的风俗习惯，所以，五芳斋粽子、三珍斋粽子、嘉兴粽子等品牌销售，就要考虑人们消费的习俗。如图 2-11 所示。

**图 2-11 端午节图示**

（引自：http://www.wtoutiao.com/p/209fD0p.html）

### (二)锁定品牌核心价值

品牌核心价值也就是做好品牌定位,要给消费者一个购买的最好理由。例如,嘉兴市嘉善的银嘉善甜瓜,其品牌核心价值是含有丰富的维生素C、果酸、果胶、纤维素等人体必需的营养,口感鲜甜、爽口,果型适中,皮色美观,瓜肉脆嫩,具有止渴、除烦热等保健作用。如何锁定品牌核心价值?

(1)从产品功能切入。例如,"农家兄弟"牌黑花生的品牌核心价值,黑花生含量较高的10种氨基酸效用分析,黑花生富含18种氨基酸,氨基酸总量为27.57%,仅次于黑大豆,必需氨基酸比例占22.90%。

(2)从产品造型切入。例如,嘉兴凤桥水蜜桃,最初种植地是在这将浙江省嘉兴市南湖区凤桥镇的三星村,三星村几乎家家户户都种水蜜桃、葡萄和梨,也被誉为水果村,每年的桃花节都是在三星村举办的,那个时候遍地桃花和梨花,确实景色迷人。凤桥水蜜桃注重产品造型和品牌宣传,着力推广优良品种,实行无公害栽培,强化标准化管理,并注册了"凤桥"优质水蜜桃的商标,使凤桥水蜜桃越种越鲜甜,越卖越畅销。

(3)从价值虚拟切入。例如,临安山核桃,山核桃的果实由于具有极高的营养价值和独特的口感风味,得到了消费者的认可,逐渐成为一种广受欢迎的高档坚果。再加上对人延年益寿等虚拟化的互联网价值的打造与宣传,使之品牌更加被消费者认可。

### (三)设计品牌名称与标志

品牌名称是品牌中可以用语言称呼的部分。例如可口可乐、雪佛莱、爱芳等都是美国著名的品牌名称。品牌标志,是品牌中可以被认出、易于记忆但不能用言语称谓的部分,包括符号、图案或明显的色彩或字体,又称"品标"。品牌标志是一种"视觉语言"。它通过一定的图案、颜色来向消费者传输某种信息,以达到识别品牌、促进销售的目的。

品牌即是产品名称加上品牌标志。二者是构成完整的品牌概念的要素。品牌标志自身能够创造品牌认知、品牌联想和消费者的品牌偏好,进而影响品牌体现的质量与顾客的品牌忠诚度。

### (四)塑造品牌故事

"南门大粽子,西门大靴子,北门米贩子,东门叫花子",在嘉兴地区,流传着这样一句古老民谣。五芳斋粽子品牌故事始于1921年。

那一年春夏之际,以弹棉花为业的浙江兰溪人张锦泉在生意清淡时,来到嘉兴北大街设了个粽子摊。谁料到,粽子竟非常受欢迎。后来,张锦泉索性召集了一些兰溪老乡,在嘉兴当时最热闹的张家弄口,开了间"荣记五芳斋"粽子店,主要经营火腿鸡肉粽和重油夹沙粽。

"五芳斋"意为"五谷芳馨",最早从清咸丰年间开始,就有人将其用作店名。到了清朝末年,江浙沪一带出现了很多打着五芳斋招牌的点心店。民国初年,也就是张锦泉的"荣记五芳斋"正当红火的时候,仅在张家弄口就有三家"五芳斋"粽子店。三家"五芳斋"相互之间竞争激烈,在选料配料、工艺外观等方面不断改进,无意中却使得嘉兴粽子品种更加丰富,口味日益优良,广受欢迎,得以代代相传。

1956年公私合营,三家"五芳斋"连同另一家"香味斋"合并起来,又经历了半个世纪的变迁,而今成了家喻户晓的嘉兴"五芳斋",这就是现代五芳斋粽子的由来。

### (五)打造风格个性

首先,农产品从包装个性切入,例如,苹果在春节期间的包装风格,恭喜发财,吉祥如意等。

其次,从风味个性切入。例如,嘉兴市陡门生态农业科技有限公司逸麟火龙果基地，生产的“逸麟”红心火龙果果大色艳、汁多味甜、绿色安全，并于2013年获得了“绿色食品证书”。所以，“逸麟”这个品牌从汁多味甜的个性出发。秀洲品牌农产品“穿靓装”，过去使用纸盒包装的习惯，采用竹编的加盖篮子进行包装，既新颖又环保，还可以再次利用，有了包装后，产品月销售量一下子提高了20%。

再次，从品种个性切入。例如，嘉兴葡萄基地，有“南杰”牌，藤稔、夏黑、红地球(美国红提)、圣诞玫瑰(秋红)、醉金香等多种个性的葡萄。

## (六)追加品牌文化底蕴

首先，从广告文化切入，通过各种广告刺激引发消费者的购买兴趣。

其次，从品牌故事切入。如海尔品牌在20世纪80年代，曾以砸冰箱的真实故事，打造出了海尔冰箱质量第一，信誉第一的品牌。

再次，从产品寓意切入。例如，嘉兴市“新丰镇育丰家庭农场”的老板周忠民，是新丰镇的草莓种植大户，在2013年3月份提出申请，转为家庭农场，他是南湖区第一个申请办理家庭农场的农户。并注册“周老汉”商标，以前草莓的种植和采摘，大量精力放在销售上。而现在做了品牌后，草莓大量销往上海、平湖市场，供不应求，并对草莓进行深加工，做成“高端洋气”的草莓干。

## (七)品牌形象宣传

嘉兴市秀洲区油车港镇南湖牌葡萄专业合作社，根据产品特性与地域文化举办“葡萄文化节”，两次在江南摩尔广场进行演出，文化搭台，经济唱戏，较好地宣传油车港镇产业文化特色品牌的知名度，同时还举办“葡萄节文化节”，有品葡萄、评葡萄、论葡萄和画葡萄及相关以葡萄为内容的趣味活动。

延伸阅读

## 案例:浙江嘉善黄酒股份有限公司的品牌营销策略

(1)对品牌形象进行了推陈出新。公司和专业策划公司合作,精心推出了塑造公司品牌全新形象的“西塘老酒”、“西塘1618”宣传海报和招商手册。“西塘老酒”、“西塘1618”成为市场抢手的滋补型低度酒。

(2)在产品策略上不断开发新产品,优化产品结构。近两年来,公司共开发了“西塘1618”、“精品西塘老酒”、“七一南湖红”、“雕王黄酒”等80余个新产品。

(3)市场拓展上,重点市场主推餐饮高端产品“西塘1618”,在样板市场全面推行以“西塘老酒”为主的产品系列,不断提升产品档次;陆续开发出年份酒“西塘花雕”五年陈、八年陈、十年陈、二十年陈系列,拓展外埠市场,确保企业可持续发展。

(4)90坛为壹庄的期酒,回购金额为原价的1.08倍;第十年,原价51 618元壹庄的酒就成了111 618元,增值超过1倍。如图2-12所示。

**图2-12 西塘黄酒品牌文化示意图**

(引自:嘉兴日报)

## 五、农产品品牌与名牌的创建

### (一)农产品品牌创建步骤

1.建立品牌价值链

(1)抢产地。很多地方特色农产品以产地区隔，如阳澄湖大闸蟹、西湖龙井茶、富硒土地与富硒农产品。消费者对于农产品的地域性优势非常认可。因此，如果能够将产地的优势抢占为品牌价值链，将为品牌成为品类老大创造最重要的砝码。

(2)抢工艺，地方特产独家占。这是品牌最有竞争力的价值链，如嘉善西塘的郭老太臭豆腐，就是源自清朝祖传的秘方工艺。

(3)抢文化，地方名特产品独家占。

(4)抢标准，为跟进者断路。抢标准主要集中在无公害、绿色、有机三项最感性的硬指标上。但现在人们更关注像“六个核桃”、“九个枣”这些数字量化标准，这是商品价值最好的传达方式。

(5)打造全产业链，让对手无懈可击。全产业链是指由田间到餐桌所涵盖的种植与采购、贸易/物流、食品原料/饲料、养殖/加工、分销/物流、品牌推广、食品销售等多个环节构成的完整的产业链系统。

2.塑造品牌形象

外在美就是要有一套原生态外衣，原汁原味、原生淳朴、原生态品味、原生态的风格人人喜欢。但一个产品的价值60%来自于包装，因为消费者有时候往往并不了解产品本质，往往借助于包装形象、文字说明、生动展示才能感觉到，这一点却是许多农产品经营者所忽视的。

农产品除常用的绿色外，多采用橙黄色、金黄色、红色等象征阳光、档次、生命的色调，尽量在包装的正面设计一个鲜明的形象，消费者能在5米之外就能看到，而在外包装的背面可以采用图片配合文字的说明方式，介绍产品的来源、历史、产地、文化、特色、营养成分、食用人群、食用方法等，包装和产品品质匹配，相得益彰，塑造品牌价值。

对内包装而言，有必要制作一些精美的折页和手册，或者小的工艺品，介绍产品和产地的人文背景、自然环境、风土人情等，加深消费者对产品的了解、信任与好感，比如生产苹果的厂商，完全可以在苹果的包装纸上印一些"苹果排毒，天天吃苹果不用看医生"的词语。

3. 提高农产品品质

比如苹果，一般的果农都知道，需要喷洒 26 种以上的农药，才能保证苹果不受虫害的侵扰，作为农产品的生产经营者来说，要想让自己有更大的收益，决不能吃祖宗和当地特殊环境的老本，加强对品种的改良，包括外观、口感、营养成分、安全性、加工工艺等，这是提升农产品附加值的基础所在。

4. 快速占据消费者心智

(1)终端媒体化。

(2)公关借势。

(3)品牌植入。

## (二)名牌农产品的创建

对照品牌的内涵，名牌农产品的特征是什么？一般来讲，名牌即强劲品牌、强势品牌。

1. 名牌含义

名牌是品牌成长的"社会链"，即知名度→可信度→美誉度→忠诚度→依赖度。

(1)知名度，我听说过这个品牌；

(2)可信度，我信任这个品牌；

(3)美誉度，我喜欢这个品牌；

(4)忠诚度，我会继续使用这个品牌；

(5)依赖度,我无法离开这个品牌。

2.创建强势农产品品牌的步骤

(1)检测环境　农产品品牌战略规划的第一步就是探索空间环境,包括品牌所在的宏观环境、品牌与消费者的关系,品牌在消费者心中的认知,品牌资产的情况。

(2)搜索资源　品牌的创建不仅仅依靠自身资源,也要充分利用产品资源、历史资源、人脑资源、科技资源、渠道资源、权利资源、资本资源、事件资源等。因此,首先找到适合自己的社会资源环境。其次把社会资源与产品的卖点嫁接好。最后用一个载体抢占社会资源。比如,浙江农科院院地合作项目无花果种苗繁育示范基地,嘉兴草仙子绿皮红心的无花果就有美容、保健的功能,这就是一个良好的载体。

(3)洞察机会　作为农产品,消费者冲动性购买行为较多,因此,要把注意力放在强化购买动机和终端互动激发上。例如,西瓜是否味道独特、是否安全健康、是否具备高营养价值、是否能满足对生活品质的要求等。

(4)想象突破　就是利用品牌联想创设品牌心理优势。想:是大胆假设,构建梦想;象:是细心求证,成竹在胸。品牌联想是指消费者享用该农产品的名称品种后所联想到的一切事物。借助联想,使自己的农产品品牌与竞争对手的品牌相区别,从而为自己产品开辟一个细分市场,避免与同类产品直接竞争。

(5)创造基因　这也是品牌战略规划的核心内容,首先要提炼品牌的DNA——品牌核心价值。这是一件技术加创意性的工作,必须有极强的差异性、能够为消费者提供一定的附加值,还要有一定的包容性。其次是品牌的个性、文化识别系统。再次是品牌着陆识别系统;最后是品牌组合战略。

(6)演绎传奇　情感、信任、愉悦,这些令消费者难忘的体验才是品牌不断演绎的关键。情感诉求是寻求认同、塑造品牌的最高境界，要学会表达自己品牌对消费者的热衷。学会讲故事，把有趣、动情、历史资料和产品内容串联起来。

（7）持续动力　品牌总是有新鲜时刻，也有老化的一天，经久不衰的品牌经营者就懂得如何使品牌保持新鲜，就像广告中所说的，冰箱具有保持食物饮料新鲜作用一样，品牌拥有者和经营者需要维护自己的品牌，时刻处于长久长新状态。例如，麦当劳有个非常著名的“QSCV”工作程式。即“品质过硬，服务到家，清洁卫生，货真价实”。这就使麦当劳这个享誉中外的品牌始终处于保鲜的状态。

3. 强势农产品品牌的实施

（1）实行农业产业一体化经营，实施精品发展战略，全力培育名牌农业，塑造农产品名牌形象。依靠龙头企业核心竞争力打造农产品名牌。

（2）提高农产品品质，保证农产品价值和品牌质量，打好农产品名牌基础。“产品＋人品”。摆脱低价值的农产品经营者，必须想方设法在品质上做到与众不同、出类拔萃，这样就有可能卖出高于普通产品数十倍的价格，品质体现价值，确实如此。

（3）搞好市场营销，做好品牌的宣传策划，维护品牌的形象，促进农产品名牌的形成。

（4）农户、企业和政府相互协作，共同实施农产品品牌名牌战略，以品牌塑造区域形象（企业与城市品牌），产业集群与品牌集群，带动产业和地方经济的发展。

（5）加强农村信息网络建设。鼓励和帮助农民上网，培养新一代“网农”接受网络信息服务，提高农民的信息应用能力，政府引导发展农产品网络营销示范体系。

# 第三章

# 农产品电商实务

经济新常态下，农业搭上“互联网＋”的列车是传统产业转型升级的要求，也是电子商务与传统农业、工业融合发展的一种必然选择。浙江农产品电子商务物流发展迅猛，近年来，越来越多的果农、菜农或农产品经纪人、农业企业开始将本地生产的农产品放到淘宝网店、天猫商城、阿里巴巴平台上出售，通过阿里巴巴物流、苏宁云商、京东物流等配套模式实现农产品的物流配送，虽然农产品电商物流发展态势良好，但运作过程中也有诸多新问题。

## 一、“互联网＋”相关概念

1.“互联网＋”

“互联网＋”是由中国国务院总理李克强在2015年政府工作报告中提出后，立即成为社会“热词”，也是当下经济的“热词”，也俨然成为2015年互联网行业最为热门的名词。“互联网＋”是经济社会创新发展的重要驱动力量。

在互联网的催化下，“互联网＋”的内涵有各种版块，即官方版、马化腾版、阿里巴巴版、李彦宏版。其中官方版代表一种新的经济形态，即充分发挥互联网在生产要素配置中的优化和集成作用，将互联网的创新成果尝试融合于经济社会各领域之中，提升实体经济的创新力和生产力，形成更广泛的以互联网为基础设施和实现工具的经济发展新形态。

2.“互联网＋”农业

“互联网＋”农业，主要是利用互联网技术运用到传统农业生产中，借助互联网优势来提升农业生产水平和农产品质量控制能力，打通农产品销售渠道和资金链、物流链，使农业产、供、销一体化，使农业的生产效率、品质管理和经济效益有明显的改善与提高。

“互联网＋”农业是拓展农业下游，是更新销售渠道，打通资金链、物流链的重要抓手，是促进农业与现代技术的融合，有效的提升农业产业链效率。

3.“互联网＋”电子商务

是指巩固和增强我国电子商务发展领先发展，大力发展农村电商、行业电商和跨境电商，进一步扩大电子商务发展空间。

4.“互联网＋”物流

“互联网＋”物流是通过网上采购和配销，使企业更加准确和全面地把握消费者的需要，在实现基于顾客订货的生产方式的同时减少库存，降低沟通成本和顾客支持成本，增强销售渠道开发能力的战略。

## 二、“互联网＋”农业的新特征

“互联网＋”农业的新特征表现为：①必将打破农业信息不对称格局，改变农业买难卖难现象，增加农业产品的全过程体验。②必将拓宽农业产品的销售渠道，由传统销售到网络销售，再到农业线上线下的 O2O 模式销售。③必将利用移动终端和大数据信息平台，使农业产业链中信息流、资金流和物流、信用流更加一体化，进而有效地降低农业生产经营成本，使传统农业向集约化、智能化、数据化、精准化转变。

## 第一节　认识农村电子商务

### 一、电子商务相关概念

(1)电子商务　电子商务是指通过互联网进行销售商品、提供服务等的经营活动。

(2)农村电子商务

概念一：农村电子商务就是用互联网等手段，为农民在网上提供相关的咨询、销售、购买等服务的过程。

概念二：立足农村，依托现代电子商务技术和网络营销平台，通过示范作用，带动农村经济发展的新型电商模式。

目前农村电商涵盖了三个层次：农产品电商、农村服务电商、县域电商。

(3)农产品电子商务　电子商务是在农产品生产销售管理等环节，利用信息技术进行农农产品供求、价格等信息的发布与收集，并以网络与移动终端为媒介，开展农产品销售的活动。

(4)淘宝户　淘宝户是从事电子商务和服务的农户(包括大学生村官、返乡大学生、返乡农民工等)。

(5)淘宝村　淘宝村必须具备3个条件：①经营场所在农村，以行政村为单元；②电子商务年交易额1 000万元以上；③本村网店达到100家以上，或网店数占农户总数的10%以上。

(6)淘宝镇　淘宝镇是指有3个或3个以上淘宝村的乡、镇或街道，在发展电商方面，积极扶持专业电商、大型电商。

## 二、嘉兴农村电子商务应用

2016年一季度，嘉兴市网络零售稳步增长，累计实现网络零售额204.98亿元(人民币，下同)，在全省排名第三，同比增长21.43%。嘉兴市累计实现居民网络消费额64.59亿元，在全省排名第五，同比增长32.28%。全市在重点监测第三方电子商务平台上共有活跃网络零售网店5.12万家，相当于当地网络零售网店总数的35.28%；活跃网络零售网店总数在全省排名第五。电子商务就业创业氛围良好，直接解决就业岗位13.08万～13.62万个；间接带动就业岗位33.21万～34.59万个。

嘉兴市实现农产品网络零售超过3.90亿元，以淘宝、天猫、京东为例，共有涉农(农产品)活跃网店1 232家，在全省排名第七名(表3-1)。

**表3-1 一季度嘉兴市三大电商领域基本情况**

| 领域 | 网店数量 | 全省排名 |
|---|---|---|
| 涉农网店 | 1 232家 | 7 |
| 跨境电商 | 51家 | 4 |
| 服务业电商 | 4 689家 | 2 |

资料来源：嘉兴市商务局，2016。

## 三、嘉兴农产品电子商务模式与案例

### (一)从农产品电子商务交易模式的角度划分

1. C2C模式

C2C模式是消费者与消费者之间的电子商务。以微商为代表的移动社交电子商务也属于该模式。

2. B2C模式

B2C模式是指农产品企业建立自己的农产品网店，进行产品宣传，提供农产品在线订货和在线服务等功能，是目前消费者所熟知和应用最广泛的形式。例如浙江五芳斋集团通过五芳斋官方商城、天猫商城、1 号店、京东商城、拍拍等平台直营零售、网络经销商分销和线上团购等开展多平台运营、多种销售并存的营销模式。在 2009 年 4 月 21 日，五芳斋商城正式上线，当年完成销售额逾 800 万元；2010 年 2 600 万元；2011 年 3 000 万元，2012 年达到 4 600 万元，2013 年突破 6 000 万元。在 2014 年省农博会网上销售额已突破 1.2 亿元，同比增长 100%。2015 年实现网上销售 1.5 亿元。五芳斋网络销售平台以最初天猫商城为主进行销售逐步扩张至天猫、京东、拍拍，并与卓越亚马逊、1 号店等展开合作，形成了以直营零售、网络分销以及线上团购业务等多种销售并存的营销模式。同时在物流运作主要以自建物流配送体系为主的，辅助菜鸟快递协同平台、京东商城 211 限时达、上门自提等物流模式。如图 3-1 所示。

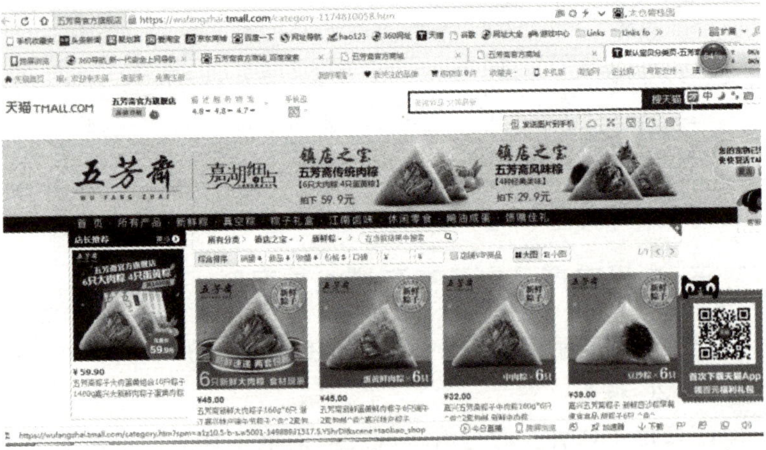


**图 3-1　五芳斋官网首页**

（引自：https://wufangzhai.tmall.com/category-1174810058.htm）

3. B2B 模式

B2B 模式是农产品电子商务的重要模式之一，指的是企业与企业之间通过互联网进行产品、服务及信息的交换。企业通过互联网来寻找交易伙伴，完成从磋商到结算的全部交易行为，其主要表现方式有三种：一是在线交易模式，二是信息服务模式，三是期货市场交易模式。嘉兴市的中国茧丝绸交易市场就是较为典型的 B2B 模式，2015 年中国茧丝绸交易市场 B2B 交易量达到 78 亿元。此外，像三珍斋通过阿里巴巴年出口番茄酱、豆类罐头等产品达到 9 000 余万元。嘉兴吉丰农产品专业合作社也主要是采用阿里巴巴 1688 采购批发平台的交易模式。

浙江虹越花卉股份有限公司自 2000 年注册海宁市长安镇，2005 年阿里巴巴海外出口批发花卉，2009 年自建官网做内贸 B2C，100%增速。2014 年 12 月 4 日，虹越花卉新三板挂牌（代码 430566）。2015 年 1 月 12 日，自有线上平台-花彩商城投入使用，网址 http://www.4001890001.com。其公司经营的品牌有：虹越、园艺家、爱贝施、君沐、绿泉等 10 个，代理国外品牌。年收入从 2013 年 600 万，到 2014 年 1 000 万，但利润增幅不快。物流营销、配送成本高。虹越花卉电子商务成功的经验是：品种丰富、创意包装设计、综合类。其核心能力：产品集成能力＋平台构架能力。另外线下实体网点：花园中心、商超专柜、绿植零批中心。还有线上虚拟平台，独立园艺电商平台，花彩商城、入驻淘宝等第三方平台的特色网店。

4. O2O 模式

O2O 模式是将线下商务的机会与互联网结合在一起，让互联网成为线下交易的前台。如此线下服务就可以用线上来揽客，消费者可以用线上来挑选服务，成交和在线结算。团购网站就是比较典型的 O2O 模式。

嘉兴海盐作为国内集成吊顶行业的“领导者”，浙江友邦集成吊顶股份有限公司不断开拓电子商务市场。2015年，友邦吊顶采用以经销商为主的营销模式，同时寻求多元化经营，加强与电商平台、互联网家装公司的合作，并在工程项目领域达成众多战略合作。目前，该公司开通了天猫电商平台，利用线下充分覆盖的专卖店，通过“线上引流、线下服务”的运营模式，进一步增加市场份额。在今年“五一名师设计家”家装节活动上，友邦吊顶O2O线上销售一炮走红，友邦天猫旗舰店在“五一”活动期间交易额突破4 000万元，刷新了行业线上销售纪录。海盐进一步培育一个电子商务集成吊顶“C2M”海盐模式。

5. G2C模式

G2C模式是通过政府涉农网站整合农产品生产企业和加工企业及农产品经销公司信息资源，对于B2B模式、B2C模式的有力补充。包括政府网站上发布农产品需求信息、农产品生产企业和加工企业所做的产品推广信息、农产品经销企业和农产品中介组织所做的农产品交易信息、农民所做的农产品网上广告和农产品信息中介公司做的农产品市场分析预测信息等。G2C模式也是符合农村国情的推广农产品电子商务最佳模式，这种模式实现了信息的流动，从而降低了企业搜寻信息的交易成本。如海宁网上农城。

### (二)从农产品电子商务应用模式划分

1. 供应链驱动型

典型代表是顺丰优选，背靠顺丰集团的物流与配送优势，可以快速占领全国市场，这也是他们2013年拿下近4亿元销售战绩的主要原因，上游的货源更丰富更标准，下游的配送优势则会更加彰显。

2. 营销驱动型

典型代表是本来生活网，农产品背后的故事性强，容易制造传播热点，从褚橙、柳桃到潘苹果，从四大美莓到阳澄湖状元蟹，背后都有本来生活网的影子，核心是以营销带动流量和销量，其挑战是需要不断推陈出新。

3. 产品驱动型

典型代表是沱沱工社，依靠自建的有机农场坚守高品质产品，并在全国大力发展联合农场，力求通过严控品质获得忠实消费者，以产品驱动消费且稳扎稳打，其挑战的是瞬息万变的市场节奏。

4. 渠道驱动型

典型代表是天天果园，依靠自身对水果市场的专业理解，单一聚焦水果品类，力拓天猫、1号店、微信、电视购物、广播电台等各类销售渠道，其挑战是跨区域配送的服务能力。

5. 服务驱动型

典型代表是遂昌网店协会，政府倾力支持企业独立运营，他们为本地的中小卖家（农户）提供培训、开店、营销、仓储、配送等标准化服务，凭借自身专业服务赢得市场价值。

## 第二节 农产品信息收集与发布

### 一、网络搜索查找农产品信息

搜索引擎就是搜集网络各网站上的信息，可以直接通过它来查找到信息的一个网站。利用网络搜索查找农产品信息的基本步骤：

第1步：打开IE浏览器，输入百度的网址 www.baidu.com。

第2步：输入网址后回车或者点击网址后面的归类。

第3步：接着在网页中间的文本框中输入要搜索内容的关键字："新农村商网"，单击【百度一下】按钮，进入搜索清单页面。即可显示相关内容与链接。

第4步：直接单击"新农村商网"的官网，进入新农村商网的主页面，本页都是有关“农产品”的相关信息内容以及该网页的详细地址。如图 3-2 所示。

**图 3-2　新农村商网页面**

（引自：新农村网 http://nc.mofcom.gov.cn/）

第 5 步：用鼠标单击想浏览的超链接，可以在打开的网页中查看更加详细的信息。

第 6 步：如果所打开的网页不是要查找的信息，将打开的网页关闭，接着在搜索页面中查找其他搜索项。

第 7 步：另外，在搜索网页的下面还会列出一些相关搜索项目，如与农产品相关的“农产品价格”、“农产品交易”等，用户可以根据“相关搜索”提示，单击与查找的信息更加接近的搜索关键字，以便查找到所需要的信息。

第 8 步：如果在搜索页面中找不到要查找的农产品信息，可以在搜索页面中输入更加具体的搜索关键字，如“嘉兴农产品价格”，然后单击【搜索】按钮，即可显示要查找的嘉兴农产品价格。如图 3-3 所示。

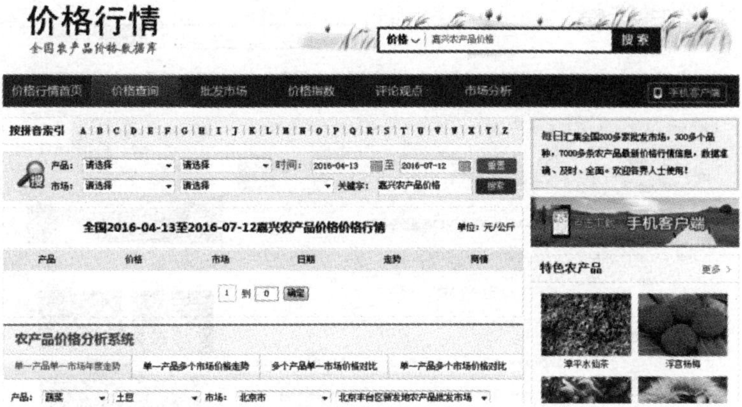


**图 3-3 嘉兴农产品价格行情页面**

（引自：新农村网 http：//nc. mofcom. gov. cn/）

第 9 步：如再将搜索的范围进一步缩小，则在产品搜索框中输入相关的信息内容即可。

## 二、专业农业网站查找农产品信息

除上述搜索工具进入网站之外，还可通过专业农业网站了解政策，获取供求信息。

### （一）在新农村商网上获取市场行情和政策信息

第 1 步：打开 IE 浏览器，输入网址 http：//nc. mofcom. gov. cn/，进入全国农产品商务信息网首页。

第 2 步：在首页中点击“价格行情”，显示农产品价格信息。

第 3 步：单击【产品】选择“果品”、“西瓜”，在【市场】中选择浙江省，嘉兴水果市场，单击“搜索”按钮，如图 3-4 所示。

### （二）在新农商网查找农业技术资料

第 1 步：在新农商网中点击右上页中的【培训】按钮进入，找

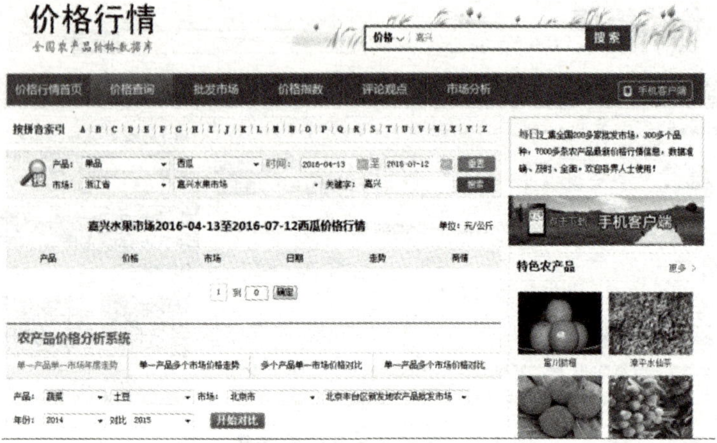


图 3-4　价格行情显示页面

（引自：新农村网 http://nc.mofcom.gov.cn/）

到上页中的“农技百科”。如图 3-5 所示。

第 2 步：点击“农技百科”进入页面后，在网站搜索内容处填上“大蒜”，点“搜索”，即可看到“大蒜”的互动页面。如图 3-6 所示。

第 3 步：进入搜索结果页面，发现有篇《大蒜优质高产栽培新技术要点》，点此信息。

第 4 步：就看到了关于大蒜种植的一篇比较全面的农业技术资料，这样，如果您想种植大蒜，就可以通过该文章了解到基础情况；还可以回到上面的页面，找到和大蒜种植相关的技术资料，继续查看。

### （三）在新农商网查找农产品供求信息

第 1 步：在新农商网首页点【采购信息】，打开“采购信息”页面。如图 3-7 所示。

第 2 步：现在我们以“大蒜”为例，在产品名称中输入“大蒜”，

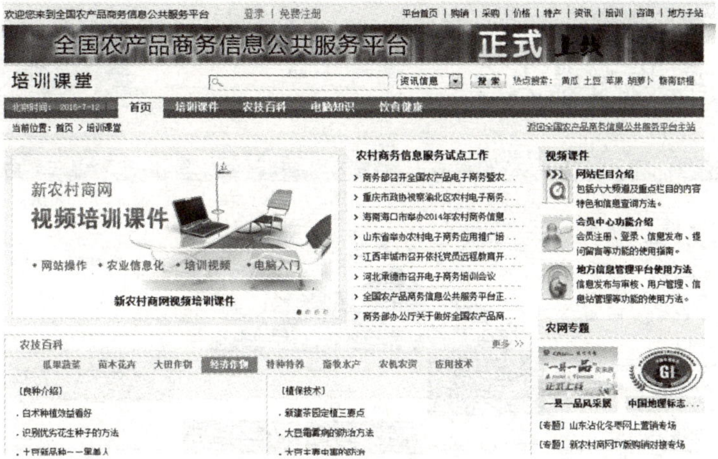


**图 3-5 “农技百科”页面**

(引自:新农村网 http:∥nc. mofcom. gov. cn/)

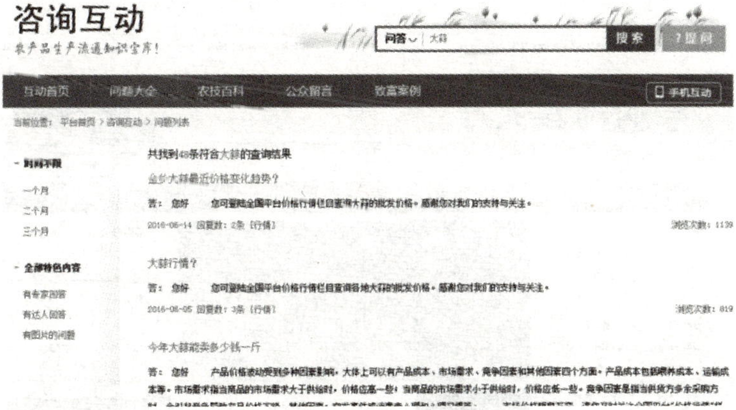


**图 3-6 搜索内容互动页面**

(引自:新农村网 http:∥nc. mofcom. gov. cn/)

后可以查询到以下页面信息,如图 3-8 所示。

**图 3-7 采购信息主页面**

（引自：新农村网 http://nc.mofcom.gov.cn/）

**图 3-8 产品显示页面**

（引自：新农村网 http://nc.mofcom.gov.cn/）

第 3 步：打开第一个“大蒜”，可以看到页面信息，页面信息中包含了：需求发布人的“姓名”、“电话”、“企业地址”以及“信息有效期”。如图 3-9 所示。

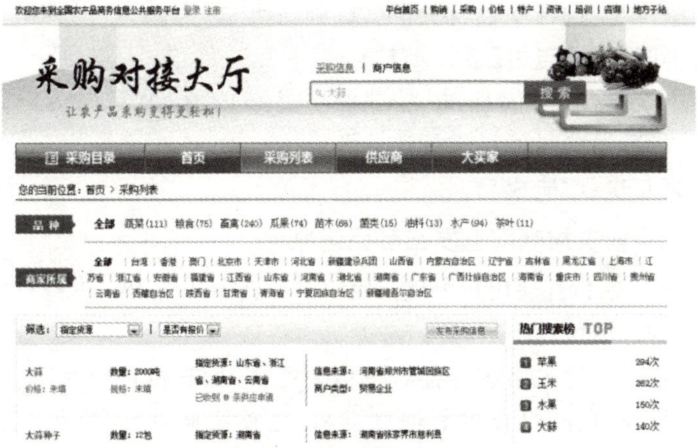


**图 3-9　相关产品信息显示页面**

（引自：新农村网 http://nc.mofcom.gov.cn/）

通过上面的站内搜索，就可以找到关于大蒜的各类采购信息了，如卖家的货源信息，是否有报价等。

寻找商机，信息致富。通过网络，我们可以搜索到很多的信息，每条信息，都是一个机会；那么，该如何去把握信息，通过信息的筛选，结合身边的实际情况，把信息变成一个商机，从而实现信息致富呢。

## 三、网络销售农产品

### （一）新农商网上发布农产品购销信息

第 1 步：注册成为“新农村商网”会员。

第 2 步：在网页上方能看到“免费注册”的图标，如果是第一次使用,点“免费注册”按钮,进行注册。

第 3 步:点“免费注册”按钮,弹出平台申请流程页面,浏览申请须知,点击【下一步】。

第 4 步:选择平台,在这里以“种植大户”为例,点击种植大户前的小圆圈,再点击【下一步】。

第 5 步:填写信息,带“ * ”的项是必填的,填写完成后点击【下一步】,据向导所示进行注册即可。

第 6 步:注册成功。

### (二)新农村商网上发布商品信息

第 1 步:以注册用户为例。用户名称:lyqfz1,密码:··········,在登录窗口进行登录。

第 2 步:进入系统完善商户相关资料,如身份证照片、公司形象、产品介绍、商户介绍等信息资料,经审核通过后,即可免费发布相关商务信息。如“新农村商网”上发布供求产品信息了。

第 3 步:添加产品信息、发布产品供应信息与采购信息等。如图 3-10 所示。

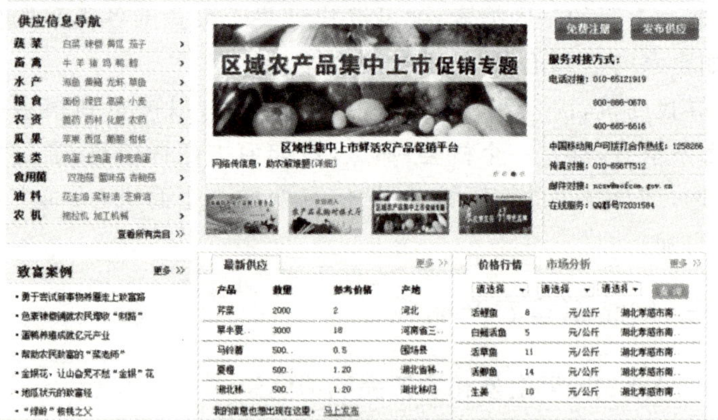


**图 3-10　发布产品信息页面**

(引自:新农村网 http://nc.mofcom.gov.cn/)

## 四、网上寻找买家

### (一)在“新农村商网”上找买家信息

点击购销对接中供应信息,进入购销对接页面快速查找买家信息。如图 3-11 所示。

图 3-11 寻找卖家信息页面

(引自:新农村网 http://nc.mofcom.gov.cn/)

### (二)点击购销对接中求购信息

点击购销对接中求购信息,如图 3-12 所示。

### (三)通过互联网寻找买家

通过专业的“百度”搜索引擎来寻找买家信息。

第 1 步:进入“百度”网站,在搜索栏中输入“求购黄瓜”关键字,然后按 Enter 键,打开搜索页面,如图 3-13 所示。

第 2 步:在搜索结果中单击与自己查找内容相符的链接,打开求购信息网页,如图 3-14 所示。

第 3 步:通过求购信息中的联系方式与买家联系或向买家发

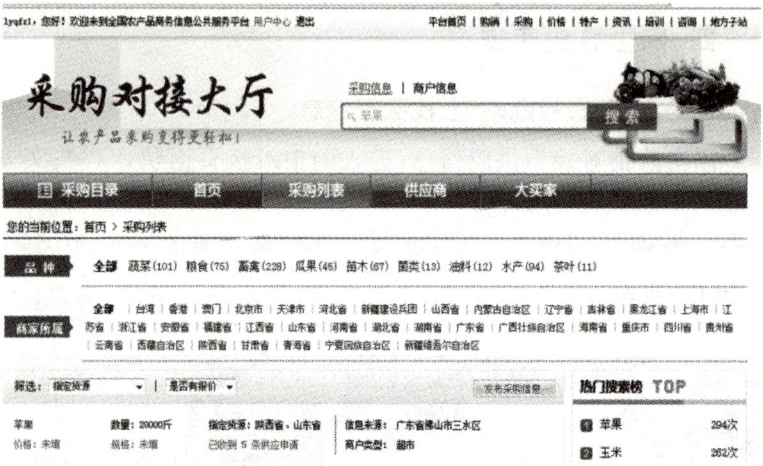


图 3-12 采购信息录入页面

（引自：新农村网 http://nc.mofcom.gov.cn/）

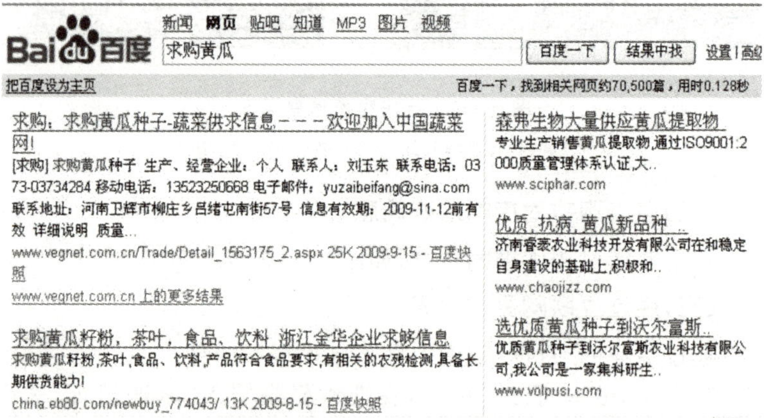


图 3-13 显示求购信息页面

（引自：新农村网 http://www.baidu.com/）

**图 3-14　打开求购信息网页**

（引自：新农村网 http：// www. cnhnb. com/）

送产品资料，如果对方有需要即可成交。如图 3-15 所示。

**图 3-15　买卖商家洽谈页面**

（引自：新农村网 http：// www. cnhnb. com/）

除上面的方法外，还可以按产品的分类查询采购信息，如“农产品求购”、“种子求购”、“粮油求购”等，主动给买家发送留言或打电话与买家联系。通过这种方法可以将销售面铺开，像撒网一样,这样可以找到平时不注意的一些网站上的求购信息,以确保不漏掉一个客户。

### (四)筛选有价值的网络客户

一般辨别有价值的网上客户的方法如下:

第1步:先要看一下客户的询问是不是很具体。

第2步:要看客户是否留下自己的网站和详细的联系资料,如果没有,可以先询问对方的详细联系方式、公司名称及其他相关问题等。

第3步:对于一些提供详细联系资料的客户,要仔细校对提供的联系资料是否存在欺骗性。

# 第三节　农产品网络购物与支付

农民如何"买到货真价实的农产品或农资,实现减支增收"呢?现以村村通商城(http://www.gdcct.com/info/2924.htm)为例介绍农产品网络购物与支付。

## 一、农产品网络购物

### (一)村村通商城注册

1.村村通商城免费注册

第1步:登录村村通商城首页,点击免费注册。

第2步:正确填写相关信息,点击提交注册。

2.使用腾讯QQ、新浪微博、支付宝、139邮箱登录注册

第1步:输入QQ、新浪微博、支付宝、139邮箱地址即可免费注册。

第2步:输入一个您常用的邮箱,创建一个村村通商城账户即可。

## (二)浏览商品

浏览商城产品的方法有如下 3 种:①在村村通商城首页,点击浏览感兴趣的产品;②利用搜索功能,查找感兴趣的产品;③按导航的产品分类浏览产品。如图 3-16 所示。

**图 3-16 村村通商城产品展示页面**

(引自:村村通网 http://www.gdcct.com/)

## (三)购物流程

第 1 步:登录村村通商城,看到喜欢的产品,点击“放入购物车”按钮即可,可选择购买的数量。然后继续挑选产品,或结算。如图 3-17 所示。

第 2 步:挑选完毕,点击网站右上角“去结算”按钮,进入“购物车”页面。

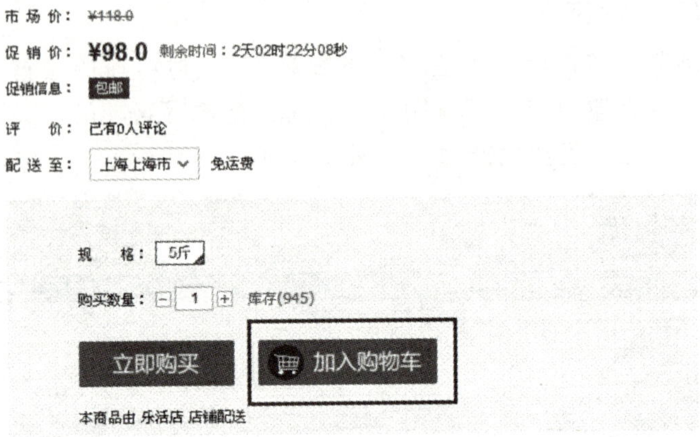


图 3-17 选购产品加入购物车页面

（引自：村村通网 http://www.gdcct.com/）

第 3 步：在"购物车"页面，可删除不需要的商品，或者修改商品数量。确认完毕之后，点击右下角"下订单"按钮。如图 3-18 所示。

图 3-18 进入购买下订单页面

（引自：村村通网 http://www.gdcct.com/）

第 4 步:检查订单信息,确认无误后,点击“提交订单”按钮。

温馨提示:村村通商城支持支付宝、网上银行、乐活卡 3 种支付方式。

## 二、网上支付

### (一)银联在线支付

1. 什么是银联在线支付?

银联在线支付是中国银联推出的网上支付平台,支持多家发卡银行,涵盖借记卡和信用卡等,包含认证支付、快捷支付和网银支付多种方式,其中认证和快捷支付无须开通网银,仅需一张银行卡,即可享受安全、快捷的网上支付服务。

2. 如何使用银联在线支付?

第 1 步:用户挑选好商品→放入购物车→去购物车结算→下订单→登录→填写收货人信息→确认配送方式→支付方式选择“在线支付”,点击“确认支付方式”,然后点击“提交订单”。

第 2 步:页面跳转到“订单已提交,请尽快付款”界面,选择“银联在线支付”进行“立即支付”。

第 3 步:进入“银联卡支付”界面,输入您要付款的银联卡号,点击“下一步”进行支付。如对支付流程有任何疑问,请查看右边的“新手操作演示”指南。

另外,您也可以选择“网银支付”,选择您的银行卡类型,点击“到网上银行支付”。验证卡号信息,完成支付。

### (二)支付宝支付

1. 什么是支付宝

支付宝(中国)网络技术有限公司是中国主流的第三方网上支付平台。支付宝致力于为中国电子商务提供“简单、安全、快速”的在线支付解决方案,已经成为中国互联网商家首选的网上支付方案，为电子商务各个领域的用户创造了丰富的价值。

2. 没有支付宝账号的网上支付

如果你没有支付宝账号，没关系，只要你有手机号或者邮箱，也可以使用支付宝付款。

第 1 步：用户填写完收货信息后，支付方式选择"在线支付"，点击"确认支付方式"，然后点击"提交订单"。

第 2 步：页面跳转到"订单提交成功"界面，选择"支付宝付款"进行支付。如图 3-19 所示。

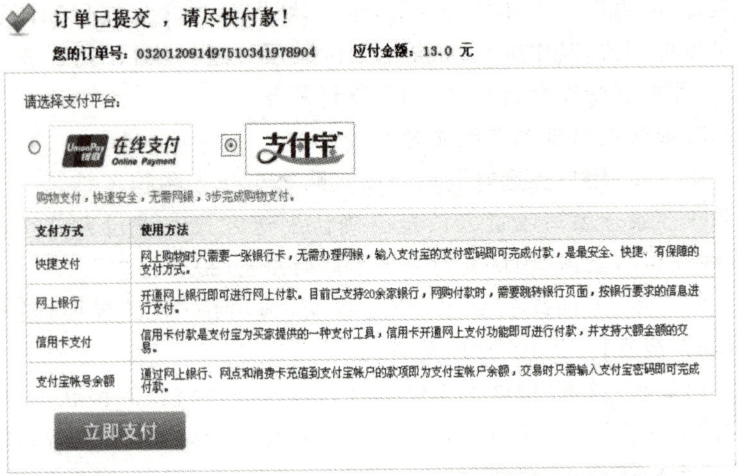


**图 3-19 选择支付宝支付页面**

（引自：支付宝 https：//auth. alipay. com/login/index. htm）

第 3 步：在右侧"我没支付宝账号，也能付款"栏中，填写个人有效邮箱或手机号码，以便接收付款凭证。完成后点击下一步。

第 4 步：选择对应的支付方式，并跳转到对应的银行完成付款。

3. 有支付宝，使用支付宝在线支付

第 1 步：用户填写完收货信息后，支付方式选择“在线支付”，点击“确认支付方式”，然后点击“提交订单”。如图 3-20 所示。

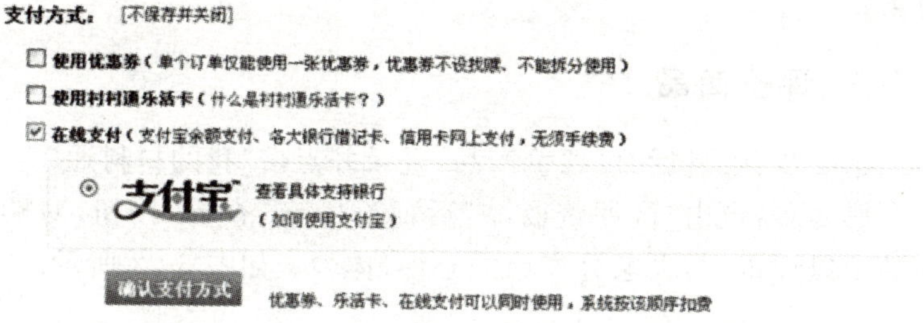


**图 3-20 有支付宝确认支付方式页面**

（引自：支付宝 https://auth.alipay.com/login/index.htm）

第 2 步：页面跳转到“订单提交成功”界面，选择“支付宝付款”进行支付。如图 3-21 所示。

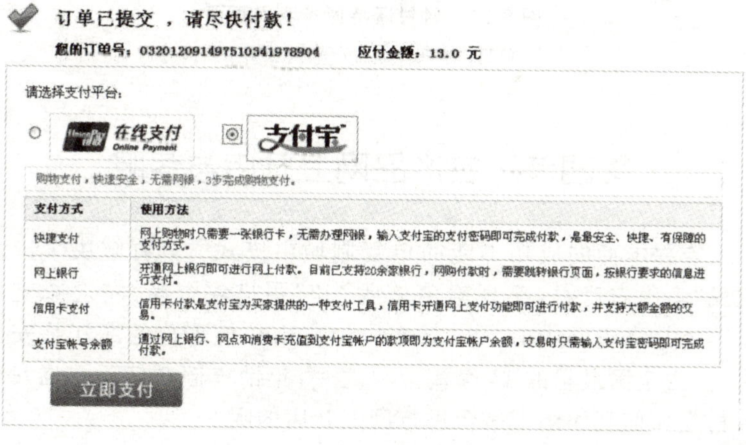


**图 3-21 支付宝支付页面**

（引自：支付宝 https://auth.alipay.com/login/index.htm）

第 3 步：在左侧"我有支付宝，轻松付款"填写相关信息并点击"下一步"。

第 4 步：选择对应的付款方式并跳转到对应的银行完成付款。

### 三、评价商品

第 1 步：收货后，可评价产品，登录并点击"我的村村通"。

第 2 步：点击"待评价商品"后面的"点击查看"按钮，对购买商品予以评价，与大家分享您的心得、体验。如图 3-22 所示。

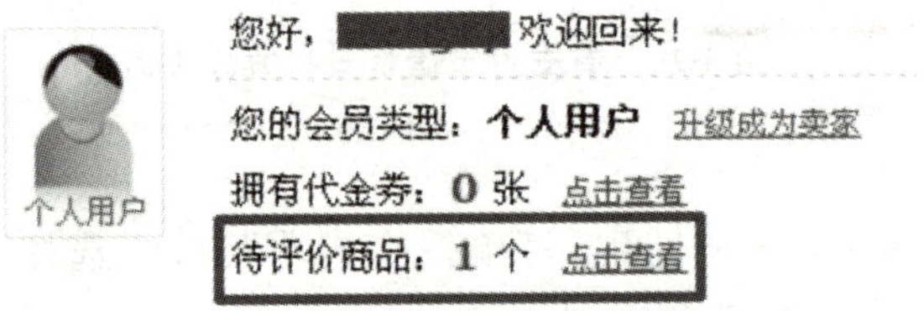


图 3-22　村村通待评价商品页面

（引自：村村通商城 http://www.gdcct.com/）

## 第四节　农产品网上开店与客服

农村电商的成功不能简单复制城市模式。只有解决了广大农民"卖出农产品，实现增值增收"和"买进农资品，实现减支增收"，才是真正的成功。2015 年以销售山核桃著称的浙江临安白牛村，为全国最早的 14 个淘宝村之一，年销售额 2 亿元。临安白牛村是如何利用淘宝平台进行网上开店的呢？

## 一、农产品网上开店

### (一)淘宝开店前期准备

要开通淘宝网店,首先要做好哪些准备呢?

(1)卖家必须年满 18 周岁,并持有二代身份证。

(2)一张属于本人的网银储蓄卡(非信用卡,信用卡不能开店)。

(3)一部属于本人的手机并能正常通话(注册淘宝、安装淘宝必备辅助组件时接收验证码用)。

(4)三张照片,本人正反面电子版身份证照片和个人手持身份证照片(本人双手持身份证正面的上半身照片,免冠、五官清晰,正反面身份证全部信息清晰,否则认证无法通过,照片最大不超过 10MB)。

### (二)注册淘宝会员与支付宝账号

第 1 步:账号注册。首先需要注册一个属于自己的开店账号,进入淘宝网首页以后,请点击左上角“免费注册”。

第 2 步:填写账户信息。填写完毕就单击“同意以下协议并注册”。

第 3 步:验证账户信息。进入相应页面就会有两种验证方式,“手机号码验证”和“邮箱验证”。一般淘宝都推荐用“手机验证”,手机验证过后,你的淘宝账号也就显示注册成功的提示。

第 4 步:完善支付宝信息。淘宝会员名注册成功后,单击“登录支付宝”按钮,输入支付宝账户名(自己的手机号),输入支付宝登录密码(和淘宝会员名的登录密码要一致),单击登录,单击安全中心,可更换支付宝密码,并完善相关支付宝信息。

### (三)淘宝开店快速认证

淘宝开店认证概括为一句话:一个注册、三张照片、一张网银、一部像素高点的手机(800W),等于开店成功。其实在实际淘宝认证中的一个注册,就是要有一个支付宝账号、一个淘宝账号。在操作中打开浏览器,点击淘宝网,免费注册,如有账号,直接登录阿里旺旺。点击卖家中心,点击个人开店,先要有支付宝实名认证,再做淘宝开店的认证。再点击认证,可手机认证,手机上下载APP软件,手机右上角的二维码图标,扫左边的二维码,现在淘宝又推出手机上摇摇头像,来进行快速认证,所以,手机上认证最方便又最快,系统让做什么就做什么。如2015全新淘宝开店步骤:

(1)免费开店。点击网页顶端的“卖家中心”或者点击“已卖出的宝贝”,就会在左侧上方看到有一个“我要开店”,点击它,现在网页列出了两个认证条件,“绑定支付宝账号”和“通过实名认证”,只有完成了才能点击下一步的“申请开店”。

(2)绑定支付宝账号。点击进去以后,首先填写手机号码,或者邮箱地址,两次输入密码然后点击绑定,注意,此处输入的密码是登录密码。这一步完成后,那就要开始“支付宝实名认证”了。

(3)查看支付宝实名认证协议。这一步是“支付宝实名认证协议”,看一下,没什么问题就点击“立即申请”。

(4)选择认证方式。来到此页面,有两种认证方式。一种是“快捷认证”,就是认证了以后,以后付款只需要输入支付宝支付密码即可,不需要登录到网上银行付款了。还有一种是“普通认证”,就是你要申请开店的话,要选择“普通认证”是通过银行打款方式来认证的。

(5)填写信息并上传身份证照片。接下来跳转到这个页面的时候,就要按照以上所显示填写你的真实身份信息。这一步,如果准备好了照片,就点击上传照片,先上传正面的,等正面的上传成功了,再按照提示上传反面的。

拍的证件照片图像内存低于2M,请直接点击上传按钮。假如照片大小大于2M,请注意,有专门入口上传。填写完毕以后,点击“下一步”。

(6)填写银行卡信息。现在来到了填写银行卡信息位置。请按照要求填写真实信息。开户银行名称,开户地点,填写卡号。完毕以后,点击下一步。

(7)核对信息并提交。系统显示核对信息页面,就是要核对你刚刚填写的那些信息是否正确,不正确的,返回再次修改,觉得没有问题了,就点击“确认信息并提交”。

(8)查看银行卡信息。刚刚提交后,就得等待支付宝向你的银行卡内打入小于1元的资金,大概在2～4小时。

随时关注银行卡资金动态,查到了支付宝打款金额后,点击输入打款金额,把你收到的资金数值填写进去,再点击确认,继续再等待2～3小时,就能够通过支付宝认证了。

(9)支付宝认证成功提示。当支付宝认证成功了,现在就要进行淘宝店铺的照片认证了,请点查看详情。

(10)上传照片并认证。这一步就要准备“个人半身照”和“个人手持身份证”的照片各1张,要求也是要很清晰的。如何拍照可以参照以下的格式操作。准备好了照片,点击上传即可。然后再点击“提交照片认证”,大概需要等待3小时左右,也就能够成功了。

(11)填写店铺基础信息。根据图示请点击进入“填写店铺信息”。

(12)查看经营承诺书。此项内容是要求并提醒卖家要诚信经营,如觉得可以做到,就点击同意。

(13)填写店铺信息。注意了,刚开始填写信息的时候,店铺名称是修改不了的,要有了店铺后,才可以修改的,所以,店铺名称就暂时不管。这里面的店铺信息,都可以随便填写,不一定填写得那么准确。不会影响你的店铺。填写好了,就点击“保存”

按钮。

(14)店铺申请成功提示。点击保存以后，就会跳转到此页面，“恭喜你！开店成功啦！如图 3-23 所示。

**图 3-23　开店成功页面**

(引自：淘宝网 https://www.taobao.com/)

(15)完善店铺基本信息。在淘宝卖家中心的“店铺基本设置”中，完善店铺基本信息，带“ * ”项为必填项。

第 1 步：修改店铺名称。

第 2 步：设置店标。

第 3 步：设置域名。

第 4 步：写好店铺介绍。

## 二、淘宝网店装修

### (一)快速装修

一般来讲淘宝网店装修有手动和自动。一般使用自动装修，即购买单套模板(淘宝现今价格 10 元)或全套模板(淘宝现今价格 90 元)。全套模板里有几百套不同风格的装修样板，系统中随时可更新模板。因此说，淘宝开店后最好购买一套全套模板，这样就可以把更多的精力放在如何做好产品的宣传与运营上，尽可能多地卖产品。例如，JEREMY HOO 模板的购买，先做同步店铺宝贝数据，即把产品货源引进店铺，发布产品宝贝。装修成功后，可点击立即查看店铺。

## (二)店宝宝软件下载使用

店宝宝软件,是目前淘宝网唯一一款专业为想在网络创业的网店新手卖家,提供淘宝开店,网店装修,网店货源,网店管理,售后推广一站式全程一条龙服务,能帮助各位新手卖家快速开店,提供货源的一款智能人性化淘宝店铺管理软件。

店宝宝是一款主要针对网络创业的用户,提供品牌服装、鞋类、各种小商品、3C 数码、食品及各种生活用品等渠道和货源。分 10 大类目产品中心。

第 1 步:在百度中找到店宝宝软件下载并安装。如图 3-24 所示。

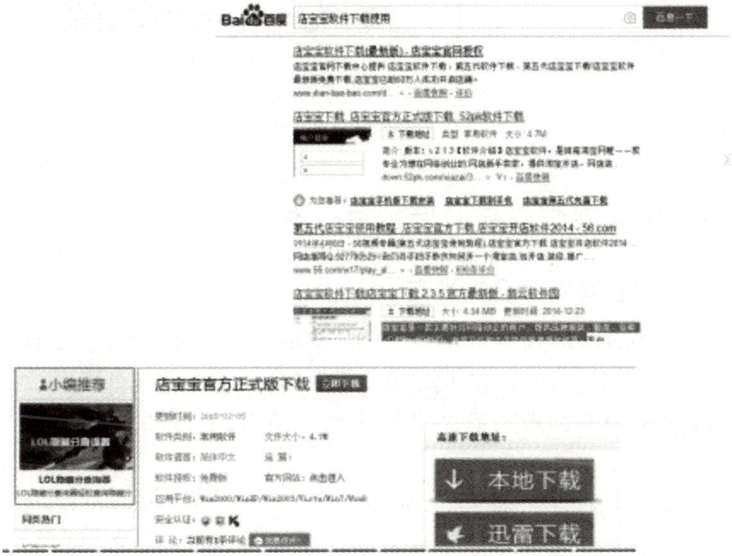


图 3-24 店宝宝软件下载页面

(引自:http://rj.baidu.com/soft/detail/25484.html? ald)

第 2 步:安装后直接登录账号即可根据需要使用。如图 3-25 所示。

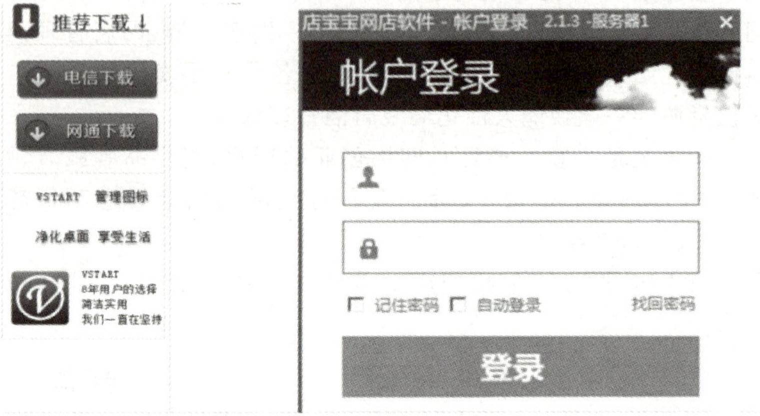


**图 3-25 店宝宝软件安装页面**

(引自:http://jingyan.baidu.com/article/8ebacdf0d7c16349f75cd554.html)

## 三、淘宝网店商品的发布与分类

### (一)淘宝网店商品的发布

淘宝网店商品发布有两种方法:一是直接在淘宝网中进行编辑、上传和发布。即选择"我是卖家"中的"一口价"发布商品。二是可以通过淘宝助理对商品进行快速的编辑、上传和发布。

1. 商品发布的流程

商品发布流程如图 3-26 所示。

2. 在淘宝网上直接发布商品

第 1 步:直接进入淘宝沃家生活网的"卖家中心"页面,点击左侧"宝贝管理"模块下的"发布宝贝"链接。如图 3-27 所示。

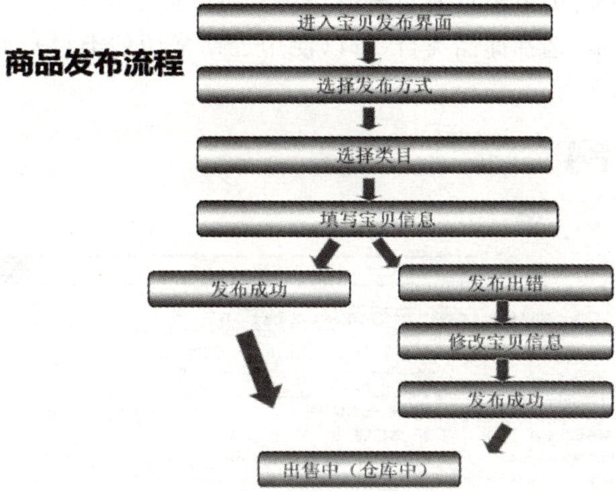


图 3-26 商品发布流程页面

图 3-27 淘宝沃家生活网发布宝贝页面

（引自:沃家生活网）

第 2 步：进入宝贝发布窗口，单击“一口价”。

第 3 步：选择商品类目（可以使用近期常用的类目），如粽子，如图 3-28 所示。

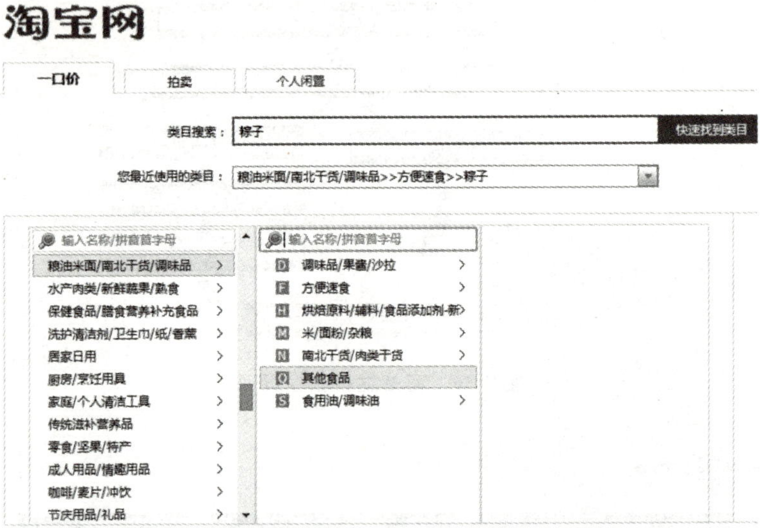


**图 3-28　商品类目选择页面**

（引自：沃家生活网）

第 4 步：选择商品类目的“粽子”后，单击窗口的下方的“我已阅读以下规则，现在发布宝贝”按钮，直接进入商品发布页面，如图 3-29 所示。

第 5 步：填写宝贝基本信息，即“宝贝类型”、“宝贝标题”、“宝贝卖点”、“宝贝属性”、“宝贝价格”、“付款模式”、“宝贝规格”、“宝贝数量”、“宝贝图片”、“宝贝描述”等。

第 6 步：设置“宝贝物流服务”，如图 3-30 所示。

第 7 步：填写售后保障信息。

第 8 步：填写宝贝其他信息。

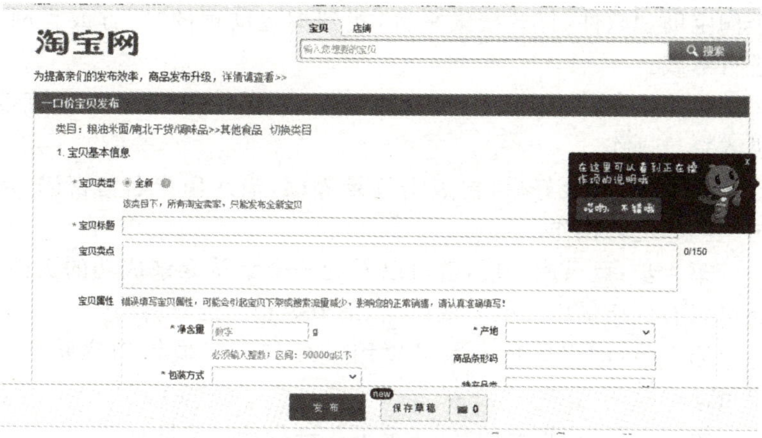


图 3-29 粽子商品类目选择页面

（引自：沃家生活网）

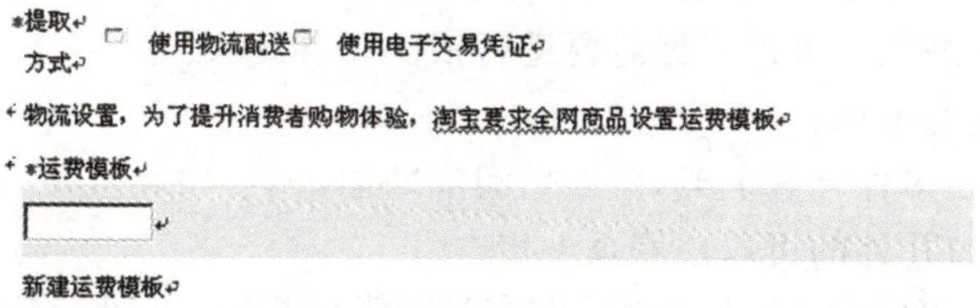


图 3-30 宝贝物流服务页面

（引自：沃家生活网）

第 9 步：单击“发布”按钮，即可完成宝贝发布。

3. 利用淘宝助理创建和发布商品

淘宝助理是上传和管理宝贝的一个店铺工具，他可以帮助卖家不登录淘宝网就可以直接对宝贝信息进行编辑，快捷批量的上传宝贝，为卖家节省很多宝贵的时间。

第 1 步：如果你的电脑中没有淘宝助理的，首先需要下载一个淘宝助理软件，打开搜索平台，找到淘宝助理的“官方或官网”进行下载。

第2步：下载完毕后，可以点击安装，安装完毕后，可以直接进入登录操作。

第3步：安装好后，再点击登录界面，输入用户名与密码，点击“登录”进行操作。

第4步：登录成功后，就可以看到一个默认登录成功的页面；还可以看到店铺内部的一些产品，细节等相关的资料。

第5步：淘宝助理一般可以用模板与新建模板创建并发布宝贝。

第一，可以用顶部的“创建宝贝”，进行新建宝贝页面。

第二，可以用左下角的一个“宝贝模板”，进行以前建立好的，直接套用。

第6步：打开创建宝贝页面后，可以看到如下图的一些顶部选项卡细节。可以根据需要进行依次完善。

注意事项：

(1)多件宝贝上架，可以用淘宝助理。

(2)几件的可以用网页上传。

(3)2016年淘宝违规发布商品的类型规则，可网上查找。

### (二)淘宝商品分类

(1)登录淘宝，鼠标移动到页面顶部，点击“卖家中心”。

(2)在页面左边的店铺管理一类中选择“宝贝分类管理”菜单，弹出商品分类管理操作界面，在这里可以对商品进行手工分类，也可以做自动分类。

(3)点击“宝贝分类管理”，出现“添加手工分类”和“添加自动分类”，如图3-31所示。

(4)在分类管理处单击“添加手工分类”按钮，弹出“手工分类”操作界面，会出现一个空白框，填写你要设置的分类栏目名称

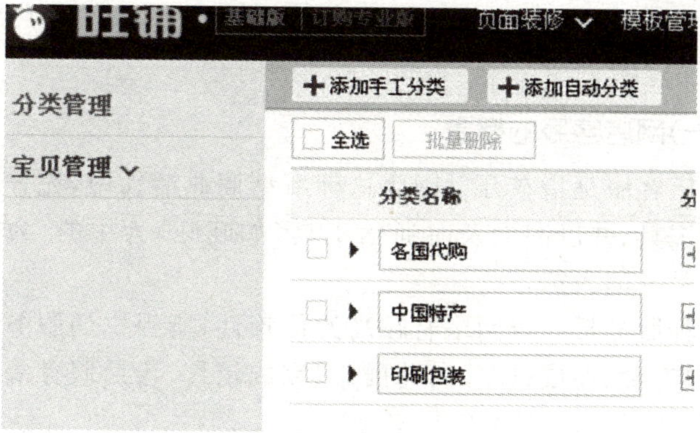


**图 3-31 宝贝分类选择页面**

（引自：淘宝网）

即可，例如“五芳斋”或者“大肉粽”等这些能明确表示商品分类的词汇，逐个添加商品的分类目录与分类子目录。

（5）目录添加完成后，直接单击页面右上角的“保存更改”按钮，此时，在导航栏上的“所有分类”菜单中会显示所有的“分类目录”。再点击宝贝管理处分类相关的宝贝，可显示已分类宝贝等信息。

（6）分类添加完毕，就可进入宝贝分类环节，宝贝分类步骤如下：

第 1 步：点击“未分类宝贝”。

第 2 步：勾选需要分类的商品（商品性质一样的可以点击“全选”，例如全部都是五芳斋或者其他的同种类型，否则“在下面勾选需要分类的商品”，不要点击“全选”）。

第 3 步：点击批量分类。

第 4 步：勾选分类商品对应的分类栏目。

第 5 步：商品分类完毕之后，点击应用，即可查看商品分类情况。

## 四、网店客服

### (一)网店客服的概念

网店客服是指在开设网店这种新型商业活动中,充分利用各种通信工具、并以网上及时通信工具(如旺旺)为主的,为客户提供相关服务的人员。

这种服务形式对网络有较高的依赖性,所提供的服务一般包括:客户答疑、促成订单、店铺推广、完成销售、售后服务等几个大的方面。

### (二)网店客服的分类

一般的小规模的网店,往往一人身兼数职,对客服并没有进行细分,但有些较有规模的网店则往往实行较细的分工。

(1)有通过旺旺、电话,解答买家问题的客服。

(2)有专门的导购客服,帮助买家更好地挑选商品。

(3)有专门的投诉客服,处理客户投诉。

(4)有专门的推广客服,负责网店的营销与推广。

(5)还有专门帮店主打包的客服等。

### (三)网店客服的意义

网店客服在网店的推广、产品的销售以及售后的客户维护方面均起着极其重要的作用,不可忽视。具体包括:可以塑造店铺形象;提高成交率;提高客户回头率;更好地服务客户等。只有更好地服务于客户,才能获得更多的机会。

### (四)对网店客服的基本要求

(1)基本工作要求　通过聊天软件、电话等与客户沟通,接受客户的询价,为客户导购。

(2)招聘基本要求　客服一般不需要太高深的电脑技能,但是需要对电脑有基本的认识,包括熟悉 WINDOS 系统;会使用

WORD 和 EXCEL;会发送电子邮件;会管理电子文件;熟悉上网搜索和找到需要的资料。至少应该熟练掌握一种输入法,打字速度快,能够盲打输入。反应灵敏,能同时和多人聊天,对客户有耐心。

(3)招聘更高要求　懂得图文编辑、网页制作、能够帮助店主装修、推广网店,甚至参与产品的设计。

### (五)网店客服需具备的相关知识

(1)商品知识方面。

(2)网站交易规则方面。

(3)物流及付款知识方面。

### (六)网店客服沟通技巧

1. 态度方面

树立端正、积极的态度:树立端正、积极的态度对网店客服人员来说是尤为重要。积极主动与客户进行沟通,尽快了解情况,尽量让顾客觉得他是受尊重、受重视的,并尽快提出解决办法。要有足够的耐心与热情。

2. 表情方面

微笑是对顾客最好的欢迎,微笑是生命的一种呈现,也是工作成功的象征。

3. 礼貌方面

俗话说"良言一句三冬暖、恶语伤人六月寒",一句"欢迎光临",一句"谢谢惠顾",短短的几个字,却能够让顾客听起来非常舒服,产生意想不到的效果。

4. 语言文字方面

少用"我"字,多使用"您"或者"咱们"这样的字眼,让顾客感觉我们在全心全意地为他考虑问题。

常用规范用语：

• “请”是一个非常重要的礼貌用语。

• “欢迎光临”、“认识您很高兴”、“希望在这里能找到您满意的产品”。

• “您好”、“请问”、“麻烦”、“请稍等”、“不好意思”、“非常抱歉”、“多谢支持”……

• 在客户服务的语言中，没有“我不能”。当你说“我不能”的时候，客户的注意力就不会集中在你所能给予的事情上，他会集中在“为什么不能”、“凭什么不能”上。

正确方法：“看看我们能够帮你做什么”，这样就避开了跟客户说不行、不可以。

• 在客户服务的语言中，没有“我不会做”。你说“我不会做”，客户会产生负面感觉，认为你在抵抗；而我们希望客户的注意力集中在你讲的话上，而不是注意力的转移。

正确方法：“我们能为你做的是……”

• 在客户服务的语言中，没有“这不是我应该做的”。客户会认为他不配提出某种要求，从而不再听你解释。

正确方法：“我很愿意为你做”。

• 在客户服务的语言中，没有“我想我做不了”。当你说“不”时，与客户的沟通会马上处于一种消极气氛中，为什么要客户把注意力集中在你或你的公司不能做什么，或者不想做什么呢？

正确方法：告诉客户你能做什么，并且非常愿意帮助他们。

• 在客户服务的语言中，没有“但是”。你受过这样的赞美吗？——“你穿的这件衣服真好看！但是……”，不论你前面讲得多好，如果后面出现了“但是”，就等于将前面对客户所说的话进行否定。

正确方法：只要不说“但是”，说什么都行！

• 在客户服务的语言中，有一个“因为”：要让客户接受你的建议，应该告诉他理由，不能满足客户的要求时，要告诉他原因。

5. 旺旺方面

旺旺沟通的语气和旺旺表情的活用：在旺旺上和顾客对话，应该尽量使用活泼生动的语气，不要让顾客感觉到你再怠慢他。

旺旺使用技巧：可以通过设置快速回复来提前把常用的句子保存起来，这样在忙乱的时候可以快速地回复顾客。比如欢迎词、不讲价的解释、“请稍等”等，可以给我们节约大量的时间。在日常回复中，发现哪些问题是顾客问的比较多的，也可以把回答内容保存起来，达到事半功倍的效果。

6. 针对性方面

任何一种沟通技巧，都不是对所有客户一概而论的，针对不同的客户应该采用不同的沟通技巧。

(1)顾客对商品了解程度不同，沟通方式也有所不同：①对商品缺乏认识，不了解。这类顾客对商品知识缺乏，对客服依赖性强。对于这样的顾客需要我们像对待朋友一样去细心的解答，多从他的角度考虑去给他推荐，并且告诉他你推荐这些商品的原因。对于这样的顾客，你的解释越细致他就会越信赖你。②对商品有些了解，但是一知半解。这类顾客对商品了解一些，比较主观，易冲动，不太容易信赖。面对这样的顾客，这时就要控制情绪，有理有节耐心的回答，向他表示你的丰富专业知识，让他认识到自己的不足，从而增加对你的信赖。③对商品非常了解。这类顾客知识面广，自信心强，问题往往都能问到点子上。面对这样的顾客，要表示出你对他专业知识的欣赏，表达出“好不容易遇到同行的了”，用和蔼的口气和他探讨专业的知识，给他来自内行的推荐，告诉他“这个才是最好的，你一看就知道了”，让他感觉到自己真的被当成了内行的朋友，而且你尊重他的知识，你给他的推荐肯定是最衷心的、最好的。

(2)对价格要求不同的顾客，沟通方式也有所不同：①有的顾客很大方，说一不二，看见你说不砍价就不跟你讨价还价。对待这样的顾客要表达你的感谢，并且主动告诉他我们的优惠措施，我们会赠送什么样的小礼物，这样，让顾客感觉物超所值。②有的顾客会试探性地问问能不能还价。对待这样的顾客既要坚定地告诉他不能还价，同时也要态度和缓地告诉他我们的价格是物有所值的。并且谢谢他的理解和合作。③有的顾客就是要讨价还价，不讲价就不高兴。对于这样的顾客，除了要坚定重申我们的原则外，要有理有节的拒绝他的要求，不要被他的各种威胁和祈求所动摇。适当的时候建议他再看看其他便宜的商品。

(3)对商品要求不同的顾客，沟通方式也有所不同：①有的顾客因为买过类似的商品，所以对购买的商品质量有清楚的认识。这样的顾客是很好打交道的。②有的顾客将信将疑，会问：图片和商品是一样的吗？对于这样的顾客要耐心给他们解释，在肯定我们是实物拍摄的同时，要提醒他难免会有色差等，让他有一定的思想准备，不要把商品想象得太过完美。③还有的顾客非常挑剔，在沟通的时候就可以感觉到，他会反复问：有没有瑕疵？有没有色差？有问题怎么办？怎么找你们等。这个时候就要意识到这是一个完美主义的顾客，除了要实事求是介绍商品，还要实事求是把一些可能存在的问题都介绍给他，告诉他没有东西是十全十美的。如果顾客还坚持要完美的商品，就应该委婉的建议他选择实体店购买需要的商品。

7.其他方面

坚守诚信；凡事留有余地；处处为顾客着想，用诚心打动顾客；多虚心请教，多倾听顾客声音；做个专业卖家，给顾客准确的推介；坦诚介绍商品优点与缺点；遇到问题多检讨自己少责怪对方；换位思考、理解顾客的意愿；表达不同意见时尊重对方立场；保持相同的谈话方式；经常对顾客表示感谢；坚持自己的原则。

### (七)网店客服工作技巧

网店客服除了具备一定的专业知识、周边知识、行业知识以外,还要具备一些工作方面的技巧,具体如下。

1.促成交易技巧

(1)利用“怕买不到”的心理。人们常对越是得不到、买不到的东西,越想得到它、买到它。你可利用这种“怕买不到”的心理,来促成订单。

(2)利用顾客希望快点拿到商品的心理。大多数顾客希望在付款后你越快寄出商品越好。

(3)帮助准顾客挑选,促成交易。许多准顾客即使有意购买,也不喜欢迅速签下订单,他总要东挑西拣,在产品颜色、规格、式样上不停地打转。这时候你就要改变策略,暂时不谈订单的问题,转而热情地帮对方挑选颜色、规格、式样等,一旦上述问题解决,你的订单也就落实了。

(4)巧妙反问,促成订单。当顾客问到某种产品,不巧正好没有时,就得运用反问来促成订单。举例来说,顾客问:“这款有金色的吗?”这时,你不可回答没有,而应该反问道:“不好意思我们没有进货,不过我们有黑色、紫色、蓝色的,在这儿种颜色里,您比较喜欢哪一种呢?”

(5)积极的推荐,促成交易。当顾客拿不定主意,需要你推荐的时候,你可以尽可能多的推荐符合他的要求的款式,在每个链接后附上推荐的理由。而不要找到一个推荐一个。“这款是刚到的新款,目前市面上还很少见”,“这款是我们最受欢迎的款式之一”,“这款是我们最畅销的了,经常脱销”等,以此来尽量促成交易。

2.时间控制技巧

除了回答顾客关于交易上的问题外,可以适当聊天,这样可以促进双方的关系。但自己要控制好聊天的时间和度,毕竟你的工作不是闲聊。你还有很多正经的工作要做。聊到一定时间后可以以“不好意思我有点事要走开一会”为由结束交谈。

3.说服客户的技巧

(1)调节气氛,以退为进。在说服时,你首先应该想方设法调节谈话的气氛。

(2)争取同情,以弱克强。渴望同情是人的天性,如果你想说服比较强大的对手时,不妨采用这种争取同情的技巧,从而以弱克强,达到目的。

(3)消除防范,以情感化。一般来说,在你和要说服的对象较量时,彼此都会产生一种防范心理,尤其是在危急关头。这时候,要想使说服成功,你就要注意消除对方的防范心理。

(4)投其所好,以心换心。站在他人的立场上分析问题,能给他人一种为他着想的感觉,这种投其所好的技巧常常具有极强的说服力。要做到这一点,“知己知彼”十分重要,唯先知彼,而后方能从对方立场上考虑问题。

(5)寻求一致,以短补长。习惯于顽固拒绝他人的人,经常都处于“不”的心理组织状态之中,所以自然而然地会呈现僵硬的表情和姿势。对付这种人,如果一开始就提出问题,绝不能打破他“不”的心理。

# 第五节　农产品网络营销与推广

## 一、农产品网络营销

### (一)农产品网络营销定义

农产品网络营销也称为“鼠标+大白菜”式营销,是指利用互联网开展农产品营销活动,包括网上农产品市场分析、农产品价格与供求信息收集与发布、网上宣传与促销、交易洽谈、付款结算等活动，最终依托农产品基地和物流配送系统，促进农产品个人与组织交易活动的实现。

### (二)农产品网络营销分类

1. 自产自销

即由农民、种养大户、家庭农场、农业企业等将自己生产的农产品通过网络销售。主要采用 B2C、C2C 模式，淘宝村大多属于这种类型，优点是集“产加销”于一体，货源可控、质量可控、价格可控，缺点是品种单一、季节性强、单打独斗。

2. 专职电商

即由零售电商或电商企业通过网络为农民、农业企业销售农产品。有的采用代销模式，有的建有电商平台。优点是专业性强、选择性强、适应性强，缺点是货源、质量、价格不可控，选择性交易。

3. 自产带销

上述两者的结合，既做产品，又做平台。如图 3-32 所示。

**图 3-32 五芳斋官方旗舰店页面**

(引自:五芳斋官网)

### (三)农产品网络营销的经营模式

1. 企业与消费者之间(即 B2C 网络营销模式)

卓越亚马逊、当当网、京东。例如，浙江遂昌模式是由网店协会派出专业的采购团队，收集遂昌当地的农特产品，在县城建一个实体超市，展示当地所有农特产品，在网上建一个特产分销商城。其模式的核心是：①社团形式的网店协会和企业性质的遂网公司为主的服务商综合体。②网商、服务商、供应商、消费者与社会构成共生电商系统。③农民合作社、农业企业、旅游服务公司。④政府支持硬件、软件环境等。如图 3-33 所示。

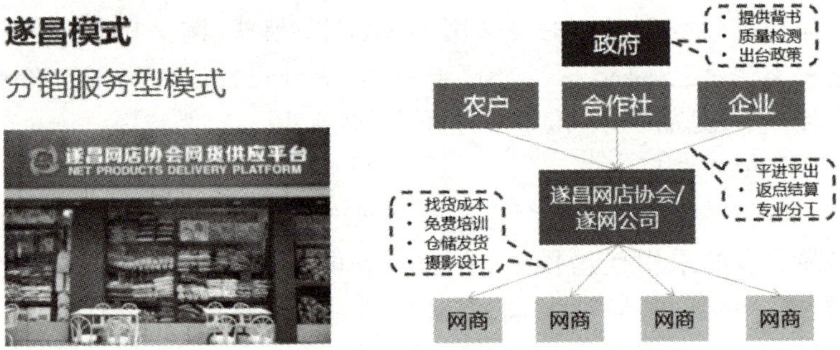


**图 3-33　遂昌模式图示**

（引自：http：//image.baidu.com/search/index?tn=baiduimage&ct=201326592&lm=-1&cl=2&ie=gbk&word=%CB%EC%B2%FD%B5%E7%D7%D3%C9%CC%CE%F1%C4%A3%CA%BD%CD%BC%C6%AC&hs=0&fr=ala&ori_query=%E9%81%82%E6%98%8C%E7%94%B5%E5%AD%90%E5%95%86%E5%8A%A1%E6%A8%A1%E5%BC%8F%E5%9B%BE%E7%89%87&ala=0&alatpl=sp&pos=0）

2. 消费者与消费者之间的电子商务（即 C2C 网络营销模式）

淘宝网、拍拍网。例如，2015 年获全国网商前 10 名的赵海伶，将山里的货搬到网上卖，其淘宝店名为：青川海伶山珍，网址：https：//shop59183939.taobao.com/

3. 企业与企业之间的电子商务（即 B2B 网络营销模式）

例如阿里巴巴。

4. 线下商务与互联网之间的电子商务(即 O2O,线上对线下网络营销模式)

例如旅游门票团购。这种模式可概括为经典三步曲:①顾客到实体店体验和选购。②与实体店或基地签约。③由基地直接配送或顾客到实体店自取。

5. 微营销模式

成县位于甘肃省南部的陇南山区,陇南市北部偏东。其电子商务的快速发展,同当地的“核桃书记”李祥密不可分。李祥是成县县委书记,他在微博上注册了实名认证的微博,目前粉丝已经超过 19 万,他不遗余力为成县核桃做推广,起到了农产品推广大使的作用。如图 3-34 所示。

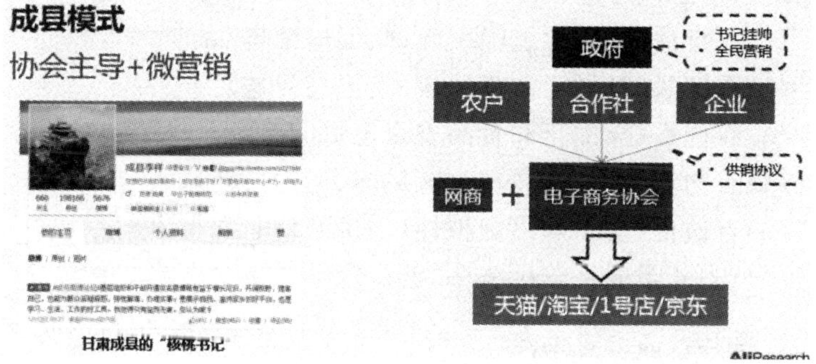


图 3-34 成县微营销模式

(引自:http://wenku.baidu.com/link?url=FAXGv6QAgp1e9i7gNtdzyoUXo81Bp-d4vd1FNJnQd0pjxCcWFzY5P3SO3Q_YfkhpephdzY8hIahAjlyHr5NDXIFWV1-LhPgT9IxSoHMs3dK)

## (四)农村电子商务的经营模式

(1)经纪人模式 从产销脱节到产销对接,从第三方支付到第四方发货。形成:“农户+经纪人+网络营销”的格局。使农产品经纪人变成电商。

(2)代购代销模式　这就是阿里巴巴正在推广的农村淘宝店模式。由农村淘宝店帮助农民代销农产品、代购农资和日用品等。使双代店变成电商。

(3)农民自产自销模式　这是由农民、家庭农场将自己生产的农产品进行网络营销,并与农业旅游、养生度假有机结合起来,实现三次产业融合发展。

## 二、农产品网络营销的条件与做法

### (一)农产品网络营销的条件

一夜暴富的神话已经打破,现在开始回归理性了。开展农产品网络营销必须考虑以下条条件:

(1)有特色(特色才能吸引眼球、促进销售)。

(2)有批量(批量才能降低成本、提高效益)。

(3)有标准(标准化和食品安全可追溯系统)。

(4)有物流(包括包装和物流成本、运输损耗)。

(5)有诚信(由于网络虚拟性,不讲诚信非常突出)。

### (二)农产品网络营销做法

1. 要从产品自身做起

品质不好只能是一次性买卖,不能长久持续经营。成功的营销要让消费者有不同一般的体验感受和值得购买的感觉,这样才能拥有一批忠实的客户。要让消费者拥有不同一般的体验感受可以从产品的生产过程和产品品质两个方面入手。

在标准化生产的基础上,利用信息采集和二维码技术,将生产信息上线。客户只要手机一扫就能知道产品具体产地所在,何时播种、何时施肥、何时采收以及产品安全检测结果等信息,完全掌握所购买农产品从种子到餐桌的所有信息,吃得安全、吃得放心。

要提高产品品质,就必须对产品进行分等、分级,这是农产品生产和销售的一个大趋势。农产品的档次高不仅仅是体现在外包装和内包装上，更重要的是产品本身的一些指标，比如产品的完整度，同一包装内产品的大小、成熟度、色泽等指标是否一致，这就是精致。

2.网络营销一定要建立产品品牌

无论什么产品在网络上销售，都必须有自身的品牌，农产品也不例外。在做好产品定位的基础上，充分发掘自身产品的特色，通过品牌宣传，不断增强产品的影响力和公信力，让更多的消费者愿意做出第一次的尝试，进而成为产品的忠实客户。在农产品的网络营销中，独一无二、私人订制是其优势。

3.网络营销就必须利用好网络的信息流通快、覆盖面广的特性

进行大力的宣传和炒作，增加人们对产品的关注度，扩大购买群体。无论是采用类似“柳橙”的故事宣传，还是多利农庄“有机”的概念炒作，就是要突出特色，吸引眼球，通过产品的亮点的展示，让消费者愿意去关注，在了解之后有购买的冲动。

4.线上线下要相互结合

在线上销售的同时，设立实体体验店是不可缺少的。线下体验，线上支付。网上消费取代不了实体店的功能，两者相互结合是未来的发展趋势。

## 三、农产品网络营销推广

随着电商淘宝的快速发展，人们不仅喜欢在淘宝网店中购买服装、化妆品及生活用品等，还特别热衷于在网上购买农产品。那么，作为淘宝网店的卖家，如何推广农产品，提升店铺的转化率呢？

### （一）淘宝店铺营销推广

1.店铺首页设计

顾客浏览网页，首先映入眼帘的是淘宝首页的装修布局，因

此，为了给顾客们一个良好的印象，促成订单，首页的装修布局不可随便。首页的设计，主要考虑以下几点。

(1)铺的装修风格　店铺首页的风格，是要根据产品的特色及目标人群的喜好去设计，要针对农产品的特点及人群来设计店铺的风格特色。例如，农产品以绿色调为主风格，代表绿色生态农产品。如图 3-35 所示。

**图 3-35　网店装修风格图示**

(引自：http：//www.efa.wang/post/1358.html)

(2)要突出爆款热卖品　要想第一时间吸引顾客的注意力，除了可在店招做功夫，还应该在你的产品上下功夫。把最具有吸引力和引发点击的产品放在靠前位置，不仅可以提升产品的点击，还能带来更好地转化，爆款产品做好关联营销，以提高客单价。如图 3-36 所示。

**图 3-36　三珍斋热卖商品图**

(引自：嘉兴三珍斋官网)

(3)活动的促销信息　做淘宝，要想提高网店的销量和人气，最好的方法就是利用节日做促销活动，一年中有不同的节日，像五一、十一、双十一、双十二、母亲节、父亲节等这些节日，利用节日做营销。不仅可以增加网店的节日促销气氛，还能利用节日的优惠促销信息提升店铺的转化。如图 3-37 所示。

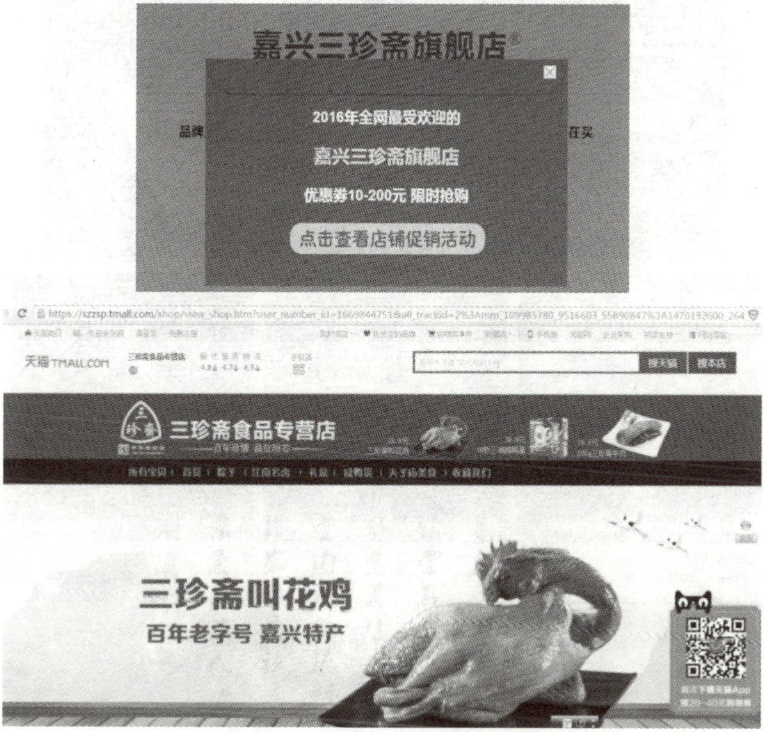


**图 3-37 三珍斋商品促销图示**

（引自：嘉兴三珍斋官网）

2. 价格设置

一般来说，影响顾客购买产品的因素主要有两个：一是产品的质量，二是产品的价格。在淘宝电商平台，要选择一家价格便宜而又产品质量不错的同款商品很容易，因此，商家要想留住你的顾客，提升店铺转化，在价格的设置上一定要合理化。尽量做到高性价比。如图 3-38 所示。

**图 3-38　三珍斋商品价格设置图示**

（引自：嘉兴三珍斋官网）

3. 详情页制作

农产品怎样生动具体地把产品的详细信息展现在顾客的面前？方法有很多，可以尝试产品的视频制作，或者生产过程的图片展示，以增强顾客的信任感。例如三珍斋中秋月饼的详情页制作。如图 3-39 所示。

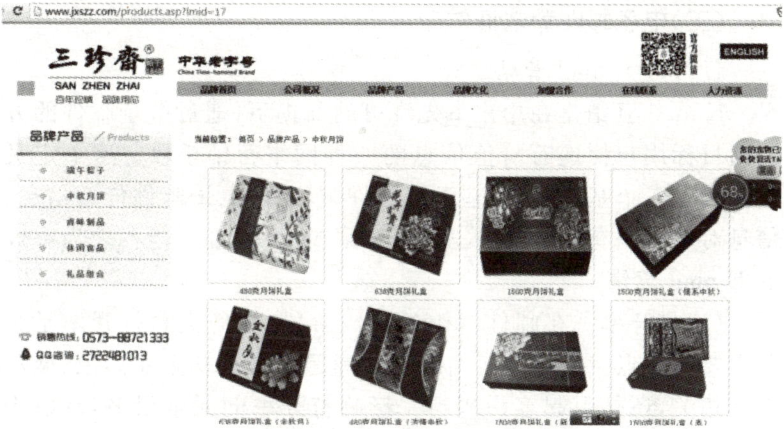


**图 3-39　三珍斋官网详情页设计图示**

（引自：嘉兴三珍斋官网 http：//www.efa.wang/post/1358.html）

4. 农产品产品描述

将农产品的特色卖点、功效、产地、细节图等方面的信息尽量详细地描述出来，这样不仅可以让顾客们有种身临其境的感觉，也有最大化地取得顾客们的信任度。

例如嘉兴三珍斋食品有限公司的粽子产品描述如下。

鲜肉粽：醇香四溢的味道，流连于口齿间的蠕动，传统工艺精制而成，一口忘我间的无穷回味，尽显于小而精致的三珍斋。

豆沙粽：豆沙细腻滑爽，入口即化，口感清淡微香，软糯香甜，Q 弹可爱，最受小朋友的喜欢。

栗子肉粽：精选优质板栗，融合入味精肉，产生了奇妙的口感，清新留味，是三珍斋的独特口味。

蛋黄肉粽：蛋黄酥香，馅料丰富，糯米也很软，配合野生粽叶，比一般的粽子更是多了一分香味。

### (二)电子邮件营销推广

1. 何为 E-mail 营销

E-mail 营销是在用户事先许可的前提下,通过电子邮件的方式向目标用户传递有价值信息的一种网络营销手段。这个定义中强调了三个基本因素:基于用户许可、通过电子邮件传递信息、信息对用户是有价值的。三个因素缺少一个,都不能称之为有效的 E-mail 营销。

(1)打开率　在邮件营销的初级阶段,如何提高打开率是企业主要关注点。究竟如何确定邮件标题?是重视企业形象、展示产品相关,还是引起客户兴趣?影响打开率的元素很多,难以决策,通过测试工具,可以帮助企业主挖掘用户信息,分辨出受众的关注焦点。

(2)点击率　用户收到邮件后,哪些内容、哪种邮件模板、什么色调能激发用户的点击行为? A/B Test 通过分组测试,帮助优化邮件,提高用户满意度。

(3)转化率　通过 A/B Test 来对邮件的各个元素进行全方位优化,使得用户收到邮件后更易产生购买行为,为企业带来实际收益。

**案例链接:触发式欢迎邮件**

触发式欢迎邮件表达对邮件新订阅用户的欢迎和关怀,是与之建立沟通的好方法,他们刚完成了注册,对你"记忆犹新",因此他们会对你要说的东西很感兴趣。下面是一封麦包包会员注册后的触发式邮件,最高打开率 45%以上,点击率达到 36%以上,并且创造了高额的回报率。

2. E-mail 营销的基本功能

E-mail 营销的基本功能除了产品/服务的直接推广功能之外,E-mail 营销在于低成本与顾客沟通,建立良好的客户关系与服务、打造企业品牌形象等方面的功能。具体说来，E-mail 营销有下列八个方面的基本功能：

(1)打造品牌形象；

(2)产品推广/销售；

(3)客户关系；

(4)顾客服务；

(5)网站推广；

(6)资源合作；

(7)市场调研；

(8)增强市场竞争力。

3. E-mail 营销推广

(1)邮件设计构架方面的布局；

(2)引起大家的关注度；

(3)让邮件营销的效果最大化；

(4)确定发送 E-mail 时间，收集反馈信息，及时回复。

4. 邮件营销的效果评估

评价 E-mail 宣传成效的标志之一是顾客反应率。有客户回应，当然是件好事，理应及时回复发件人，恰当处理顾客意见。可以想象，一个潜在的客户给你发出了一封询问产品的邮件，一定会急切地等待回音，如果等了两天还没有结果，他一定不会再有耐心等待下去，说不定早就成了你的竞争对手的客户。因此，对客户提出的见问题要有统一的答复。不同的潜在顾客，通常会询问一些类似的问题。对此，通常可从三种方式进行处理：①在你的网站上，开辟一个“常见问题解答(FAQ)”区域。②利用大多数电子邮件软件设有的模块工具，创建一个这样的 FAQ 文件。当你收到有这些常见问题时，你只需将这个预设好的文件发出去即可。③设立一个自动回复器。

## (三)社区营销

网络社区营销是网上特有的一种虚拟社会,社区主要通过把具有共同兴趣的访问者集中到一个虚拟空间,达到成员相互沟通的目的,网络社区是用户常用的服务之一,由于有众多用户的参与,因而已不仅仅具备交流的功能,实际上也成为一种营销场所。

1. 网络社区的主要形式

(1)论坛(BBS) 是虚拟网络社区的主要形式,大量的信息交流都是通过论坛(BBS)完成的,会员通过张贴信息或者回复信息达到互相沟通的目的。有些简易的社区甚至只有一个论坛(BBS)系统。

(2)聊天室 在线会员可以实时交流,对某些话题有共同兴趣的网友通常可以利用聊天室进行深入交流。

(3)讨论组 如果一组成员需要对某些话题进行交流,通过基于电子邮件的讨论组会觉得非常方便,而且有利于形成大社区中的专业小组。

(4)网络寻呼(QQ/OICQ) 现在上网的人中多数都有 QQ 或 OICQ 号,在线好友可以即时交流,也可离线留言,更有人喜欢用 QQ 群来交流,发送广告也非常方便。

论坛和聊天室是网络社区中最主要的两种表现形式,在网络营销中有着独到的应用。网络社区可以增进和访问者或客户之间的关系,也可能直接促进网上销售。

2. 社区营销流程

(1)社区营销分析;

(2)社区营销策划;

(3)社区营销执行;

(4)社区营销跟踪。

### (四)博客营销

1.什么是博客营销

博客营销就是利用博客这种网络应用形式开展的网络营销。一般来讲企业博客营销有三种基本形式:①利用第三方博客平台的博客文章发布功能开展的网络营销活动;②企业网站自建博客频道,鼓励公司内部有写作能力的人员发布博客文章以吸引更多的潜在用户;③有能力运营维护独立博客网站的个人,可以通过个人博客网站及其推广,达到博客营销的目的。

2.企业经营博客营销策略

作为一个企业,期望它的博客能提高客户的品牌认知度,增进对外交流,获得客户反馈,培育新客户和潜在客户,以提高企业的销售业绩。企业无论从哪个角度来应用博客网络营销,都要以客户的需求为出发点,与客户在产品上有一定的互动,真正实现企业博客营销的个性化服务。

(1)企业网站可自建博客频道,鼓励公司内部员工发布博客文章,展示企业优势,吸引网络用户流量,同时提供相关链接,让新访问顾客在喜欢本站内容之余,更深入探索企业的博客。

(2)利用第三方博客平台建立企业博客社区,发布产品功能,将顾客和产品分出档次,根据不同档次的顾客需求定制产品,提供不同的产品销售服务,达到推广产品品牌和服务的目的。

(3)企业以 blogger 为中心,建立博客网站,注重口碑传播,运营推广企业博客网站,将访客变成忠实的读者或客户,达到博客营销的目的。

(4)企业按照持续改进,稳步发展的方针,精心经营博客写手的关系,维系老顾客,培养新顾客,发现潜在顾客。同时跟踪博客营销的效果,逐步使更多的客户走进你的产品世界,为你的产品品牌摇旗呐喊。

(5)企业突出个性博客营销,加快企业博客的步伐。

## (五)自媒体推广

1. 什么是自媒体？

就是QQ空间、微信、微博、网红、全民K歌来开展的营销活动。例如，今天我们要为朋友们介绍的，就是这样一个人。她的名字叫肖俊丽，但是这个真实的姓名，远远没有她的网名——“酒红冰蓝”那般让人熟知。如图3-40所示。

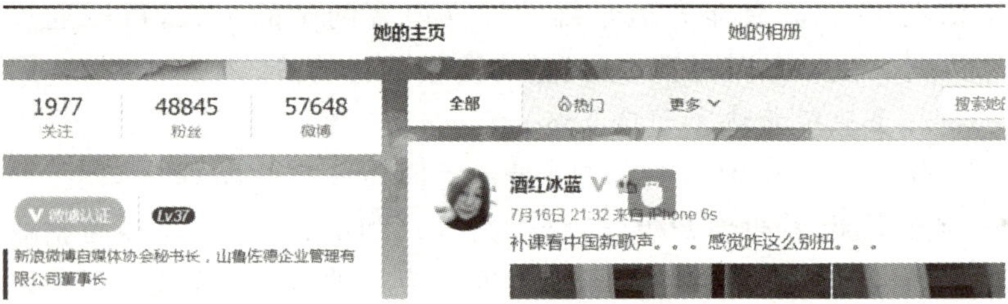


图 3-40　自媒体营销图

2. 网络品牌营销

聚划算中推出“新三果志”人物来对农产品进行宣传推广。褚澄——褚时健、柳桃——柳传志、潘苹果——潘石屹。如图3-41所示。

## (六)社交推广

精准营销推广的四层主要体现在：与内容匹配的；与人口数据匹配的；与行为导向的；与意愿为导向的。

注意：新老客户的精准推广(和消费周期、和产品周期、和以前的购买相关联的、与客户的变化而变化的推广)。

例如良品铺子的推广主要是运用了“精准推广”、“线下消费”、“手机支付宝的使用”、“O2O线上线下体验式推广”。

## (七)搜索技术推广

国内外的搜索引擎非常多，但主要的影响力最大的不过十多

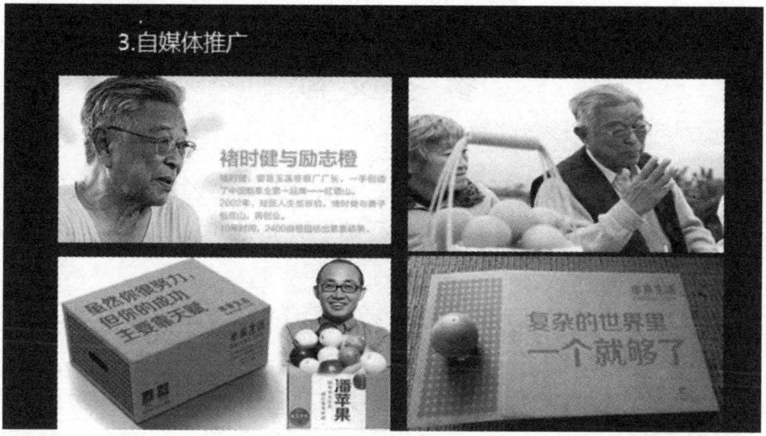


图 3-41　新三果志品牌营销图示

（引自：https：// image. baidu. com/search/index? tn = baiduimage&ct = 201326592&lm= －1&cl = 2&ie = gbk&wowo = %F1%D2%B3%CE%C1%F8%CC%D2－%C5%CB%C6%BB%B9%FB%20%CD%BC%C6%AC&hs=2&fr=ala&ala=2&alatpl=sp&pos=0)

个。国外（英文）：Google、Yahoo、Excite、AOL 等。国内（中文）：百度、360 搜索（好搜）、搜狗、中文 Yahoo 等。其中国内前三家占据了国内大部分市场。

搜索引擎推广是通过搜索引擎优化，搜索引擎排名以及研究关键词的流行程度和相关性在搜索引擎的结果页面取得较高的排名的营销手段。

除此之外，还可以通过内容进行推广；与别的网店互换友情链接；写软件推广；购买别的网站广告位；购买网店平台直通车；购买搜索引擎关键字等等。

# 参考文献


[1] 纪广存.农产品市场营销刍议[J].中国集体经济,2010(5).
[2] 丁丽芳.农产品市场营销策略[M].北京:中国社会出版社,2008.
[3] [美]库尔斯,乌尔.农产品市场营销学[M].孔雁,译.北京:清华大学出版社,2006.
[4] 吴兴安.关于农产品市场营销的思考与对策[J].大众科技,2005(12).
[5] 凌志明.我国农产品营销渠道的现状及其发展趋势[J].生产力研究,2004(1).
[6] 吴正东.农业核心竞争力与农业产业结构优化的关系研究[D].扬州大学,2004.
[7] 周发明.构建新型农产品营销体系的研究[D].湖南农业大学,2007.
[8] 陈善晓,王卫华.基于第三方物流的农产品流通模式研究[J].浙江理工大学学报,2005(1).
[9] 段德君,陈晓燕.农产品营销渠道研究述评[J].安徽农业科学,2005(10).
[10] 蔡雪雄,陈新艺.农产品市场竞争力:理论、制约因素与对策[J].东南学术,2006(6).
[11] 李东升,高彦彬.差别定价在鲜活农产品销售中的应用[J].江苏商论,2005(5).
[12] 张丽骎.云南省农产品出口竞争力研究[D].云南大学,2012.
[13] 张司飞.中国农产品品牌营销的现状与对策[J].武汉理工大

学学报(社会科学版),2008(6).
[14] 章志平.浙江省农产品营销渠道的发展对策探讨[J].农业经济,2010(9).
[15] 黄琳娜.影响我国绿色农产品营销因素分析及对策研究[J].安徽农业科学,2012(40).
[16] 贾水波.农产品绿色营销存在的问题及对策探析[J].华章,2012(33).
[17] 赵素洁.我国绿色农产品营销面临的问题和对策分析[J].农业经济,2009(7).
[18] 范永立.新环境下农产品绿色营销对策研究[J].台湾农业探索,2010(6).
[19] 陈丽能,宋文官.全国高职高专电子商务专业人才培养状况调研报告[M].北京:高等教育出版社,2013.
[20] 宋文官.电子商务实用教程[M].北京:高等教育出版社,2012.
[21] 宋文官.电子商务基础与实务[M].北京:人民邮电出版社,2007.
[22] 沈凤池,刘俊斌.阿里巴巴电子商务初级认证教程[M].北京:清华大学出版社,2006.
[23] 李玉清,等.电子商务实务[M].北京:中国电力出版社,2009.
[24] 陈德人.电子商务实务[M].北京:高等教育出版社,2010.
[25] 胡华江.电子商务实务.北京:高等教育出版社,2010.
[26] 李玉清,方成民.网络营销[M].北京:中国财政经济出版社,2005.
[27] 李玉清,方成民.网络营销[M].吉林:东北财经大学出版社,2008.
[28] 李玉清,方成民.网络营销[M].北京:清华大学出版社.北京

交通大学出版社，2006.
[29] 贾晓丹. 电子商务综合实训[M]. 北京：中国广播电视大学出版社，2008.
[30] 邵兵家. 电子商务实务实验教程[M]. 重庆大学出版社 2007.
[31] 俞立平. 电子商务实验实训[M]. 2 版. 北京：中国时代经济出版社，2007.
[32] 康晓东. 电子商务及应用[M]. 北京：电子工业出版社，2004.
[33] 刘克强. 电子商务平台建设[M]. 北京：人民邮电出版社，2007.
[34] 宋文官，等. 电子商务师技能鉴定考试[M]. 北京：清华大学出版社，2007.
[35] 李玉清，方成民. 网络营销实训指导[M]. 北京：中国财政经济出版社，2005.
[36] 李玉清，方成民. 网络营销实践[M]. 北京：中国人民大学出版社，2012.
[37] 方程，任一波，陈明. 电子商务概论[M]. 北京：电子工业出版社，2013.
[38] 方玲玉. 电子商务基础与实践[M]. 中南大学出版社，2009.
[39] 嵇美华. 电子商务基础与实践[M]. 中国水利水电出版社，2008.
[40] 电子商务助力家居行业蓬勃发展 http://finance.sina.com.cn/roll/20131226/093817758500.shtml 201312
[41] 电子商务时代的商贸流通业发展问题研究 http://www.hzstats.gov.cn，201302
[42] 徐茜茜. 浙江网络零售达 3821 亿同比增 88.5%，201401 http://ec.zjol.com.cn/system/2014/01/21/019822704.shtml?ADUIN=65332385&ADSESSION=1390375356&AD-

TAG＝CLIENT. QQ. 5281_. 0&ADPUBNO＝26292 2013
[43] 金融互联网的特点和发展趋势，来源：CIO 时代网？证券时报网 201310 http://www.ciotimes.com/application/dzsw/76577_2.html2013-02-27

**参考网站**

[1] 阿里巴巴 http://china.alibaba.com
[2] 中国电子商务协会 http://www.ec.org.cn/
[3] 电子商务世界 http://www.ebworld.com.cn/
[4] 中国网络营销论坛 http://www.wangluoyingxiao.com
[5] 电子商务先锋资讯 http://www.21eb.org/
[6] 淘宝网 http://www.taobao.com
[7] 网络营销教学网站 http://jpk.jxvtc.net/ec2006/C107/Course /index.htm
[8] 营销管理资源网 http://www.qywd.com/soft/1037.htm
[9] 企业网络营销专家 http://www.etop2000.com/
[10] 网络营销网 http://www.nameschina.com/d
[11] 管理人网 http://www.manaren.com/data/1090929038/
[12] 浙江物流网 http://www.zj56.com.cn/zxzx/List02.asp? id＝26495
[13] 中国物流与采购网 http://www.chinawuliu.com.cn/
[14] 中国采购交易网 http://www.cnpica.cn/
[15] 物流天下网 http://www.56885.net/